Villon
Das Kleine und das Große Testament

François Villon

Das Kleine
und das
Große Testament

Aus dem Französischen
übersetzt mit einem Nachwort von
Frank-Rutger Hausmann

Philipp Reclam jun. Stuttgart

RECLAM TASCHENBUCH Nr. 20231
Alle Rechte vorbehalten
© 1988, 2011 Philipp Reclam jun. GmbH & Co. KG, Stuttgart
Umschlaggestaltung: büroecco!, Augsburg,
unter Verwendung eines Linolschnitts von Christian Schad,
Villon und seine dicke Margot, 1964 (akg-images)
© Christian Schad Stiftung Aschaffenburg / VG Bild-Kunst, Bonn 2011
Gesamtherstellung: Reclam, Ditzingen
Printed in Germany 2011
RECLAM ist eine eingetragene Marke
der Philipp Reclam jun. GmbH & Co. KG, Stuttgart
ISBN 978-3-15-020231-9

www.reclam.de

Inhalt

Anhang

Mutmaßliches Bildnis Villons
Holzschnitt aus der ersten Ausgabe der Werke Villons,
Paris 1489

Das Kleine Testament

I

Im Jahre vierzehnsechsundfünfzig
hab ich, Françoys Villon, Scholar,
als ich bedachte, klaren Sinns,
den Zaum im Maul und angeschirrt,⠀⠀⠀⠀4
daß vor der Tat man überlegt,
wie es Vegetius uns erklärt,
der weise Römer, der gut rät,
wo nicht, verkalkuliert man sich . . .⠀⠀⠀⠀8

II

Zu diesem Zeitpunkt, wie gesagt,
um Weihnacht, jene tote Zeit,
wo sich vom Wind die Wölfe nähren
und gerne man zu Hause bleibt,⠀⠀⠀⠀12
der Kälte wegen, dicht beim Herd,
kam mir ein Plan, daß ich zerbräche
den Kerker meiner Liebespein,
der ständig mir mein Herz zerbrach.⠀⠀⠀⠀16

III

Und wie beschlossen, ward's getan,
weil jene ich vor Augen sah,
die meinen Untergang gewollt,
obwohl's ihr keinen Vorteil brachte;⠀⠀⠀⠀20
drob klag den Himmeln ich mein Leid
und bitte alle Liebesgötter,
sie zu bestrafen und zugleich
mir meine Liebespein zu lindern.⠀⠀⠀⠀24

IV

Hab ich als günstig ausgelegt
die sanften Blicke, holden Züge,
die voll verräterischer Süße
bis an die Hüften mich durchbohrten,   28
so war'n sie treulos doch wie Schecken,
unzuverlässig in der Not:
Muß andre Felder drum bebaun,
in andre Stempel Münzen schlagen.   32

V

Mich nahm der Blick von *der* gefangen,
die zu mir hart und treulos war;
und ohne, daß ich was verbrochen,
will und befiehlt sie, daß ich leide   36
den Tod und nicht mehr länger lebe.
So bleibt als Ausweg mir nur Flucht;
sie will die Lötverbindung brechen,
mein klagend Elend nicht erhören.   40

VI

Um zu begegnen ihrem Drohn,
ist's, glaub ich, besser fortzugehn.
Adieu! Ich will nach Angers ziehn,
da sie mir ihre Gunst nicht schenkt,   44
als Ganzes nicht und nicht geteilt.
Für sie sterb ich, an Gliedern heil,
kurz, Liebesmärtyrer ich bin,
zähl zu den Liebesheiligen gar.   48

VII

Wie schwer mir auch der Abschied fällt,
entfernen muß ich mich von ihr;
mein alberner Verstand begreift's:
ein andrer Strang ist auf dem Rocken! 52
Drum war kein Bückling von Boulogne
je ohne Saft, wie ich es bin.
Das ist für mich ein schlimmes Spiel:
Wollt' Gott mein Flehen doch erhören! 56

VIII

Da ich nun einmal scheiden muß,
nicht weiß, ob je ich wiederkehre
(bin ja kein fehlerloser Mensch,
auch nicht aus Stahl, nicht mal aus Zinn; 60
die Lebenszeit ist ungewiß,
kein Aufschub bleibt mehr nach dem Tod)
– auch reis ich in ein fernes Land –,
errichte ich dies Testament. 64

IX

Zum ersten, in Gott Vaters Namen,
des Sohnes und des Heiligen Geists,
auch dem der Mutter, hochgeehrt,
dank deren Gnade nichts vergeht, 68
will meinen Ruf, das walte Gott,
ich Herrn Guillaume Villon vererben,
der nur erklingt zu seiner Ehr,
auch meine Zelte und mein Wappen. 72

X

Item vermach ich jener da,
die mich so grausam fortgejagt,
daß alle Freude mir verwehrt
und keine Lust mir mehr erlaubt,   76
mein Herz, gefaßt in einen Schrein,
ganz bleich und elend, tot und starr.
Sie hat dies Unheil mir bewirkt,
doch möge Gott ihr gnädig sein!   80

XI

Item, ich laß Ytier Merchant,
dem ich mich sehr verpflichtet weiß,
mein schneidend scharfes Schwert aus Stahl,
auch Meister Jehan le Cornu,   84
das leider grad verpfändet ist
für eine Zechschuld: sieben Sous;
sie solln's, so lautet ja mein Text,
bekommen . . . wenn sie's eingelöst.   88

XII

Item vermach ich Sainct Amant
zum *Weißen Roß* das *Maultier* noch,
und Blaru meinen Diamant,
das *Zebra* auch, das rückwärts geht.   92
Und den Artikel des Dekrets
Omnis utriusque sexus
laß ich den Pfarrern, will ihn gegen
die Karmeliterbulle setzen.   96

XIII

Dem Anwalt, Herrn Robert Valee,
dem armen Schreiber beim Gericht
– was Berg, was Tal ist, weiß er nicht –,
bestimme ich als Hauptlegat, 100
daß man's ihm unverzüglich gibt,
die Hose, die *Zum Beinschutz* ist,
damit er draus Jehanne de Millieres
recht ehrbar eine Haube macht. 104

XIV

Und weil er stammt aus gutem Haus,
soll er ein beßres Erbe haben,
denn das befiehlt der Heilige Geist,
auch hat er »Zins« nicht und »Verstand«. 108
Und weil, so hab ich mir gedacht,
er »Sinn« nur hat für *einen* Schrank
– er hol sie bei Frau Dummheit ab –,
geb man ihm die *Gedächtniskunst.* 112

XV

Item, zum Lebensunterhalt
des vorgenannten Herrn Robert
– bei Gott, beneidet ihn doch nicht –,
ihr Vettern, nehmt mein Kettenhemd, 116
verkauft's, und den Erlös, zum Teil,
soll man bis Ostern drauf verwenden,
um diesem kleinen Schelm zu kaufen
ein Ladenfenster bei Saint-Jacques. 120

XVI

Item vermach ich schuldenfrei
ein Handschuhpaar, mein Seidencape
dem lieben Freunde Jacques Cardon,
auch Eicheln eines Weidenbuschs   124
und eine fette Gans pro Tag
nebst einem dicken Mastkapaun,
zehn Scheffel Wein, wie Kreide weiß,
Prozesse – zwei, um schlank zu bleiben.   128

XVII

Item laß ich dem Edelmann
Regnier de Montigny drei Hunde;
auch laß ich Jehan Raguier die Summe
von hundert Francs aus meiner Habe.   132
Doch halt! Da rechne ich nicht ein,
was ich mir noch erwerben kann:
Zuviel nehm' man den Seinen nicht
noch überfordre man die Freunde.   136

XVIII

Item, dem Herren von Grigny
laß ich zur Aufsicht Schloß Nigeon,
sechs Hunde mehr als Montigny,
Bicêtre auch mit Burg und Turm;   140
ich laß dem üblen Wechselbalg
Mouton, der mit ihm prozessiert,
drei Schläge mit dem Bügelriemen,
auch soll im Block er friedlich ruhn.   144

XIX

Item, setz für den Wachhauptmann
ich gleich den *Helm* als Erbe fest;
den Fußsoldaten, die bedacht
sich durch der Händler Stände tasten,   148
laß ich ein schönes Diebesgut,
am *Milchstein* nämlich die *Laterne*;
doch die *Drei Lilien* sind für mich,
wenn sie ins Châtelet mich führen!   152

XX

Und Maistre Jacques Raguier
laß ich als Erbe *Popins Tränke*,
auch Barsch in Pfeffer; in der *Feige*
wähl' er sich täglich einen Happen;   156
dazu das Loch *Zum Tannenzapfen*
als Unterschlupf, den Fuß am Feuer
in eine Kutte eingemummelt,
und wer da »säen« will, der »säe«!   160

XXI

Item, für Maistre Jehan Mautaint
und Maistre Pierre Basannier
die Gunst des Herrn, der rücksichtslos
Verbrecher jagt und Störenfriede;   164
mein Rechtsbeistand Fournier erhält
zu Scheitelkäppchen Sohlenstrümpfe,
bei meinem Schuster zugeschnitten
und während dieses Frosts zu tragen.   168

XXII

Item, dem Fleischer Jehan Trouvé
laß ich den *Hammel*, gut und zart,
nebst einer Klatsche für die Fliegen
am *Kronenochsen*, der zum Kauf steht,   172
auch an der *Kuh*, fängt man den Schelm,
der sie sich auf den Buckel lädt:
Gibt er sie nicht, ach könnte man
mit einem Halfter ihn erwürgen!   176

XXIII

Item, dem Perrenet Merchant,
auch Bastard de la Barre genannt,
weil er ein guter »Händler« ist,
laß ich drei Bündel Stroh als Erbe,   180
um's auf dem Boden auszubreiten
und Liebeshändel drauf zu leisten,
womit sein Leben er verdient,
denn andren »Handel« kennt er nicht.   184

XXIV

Item, dem Loup und dem Cholet
laß ich gemeinsam eine Ente,
wie's Brauch, zu fangen auf den Mauern
dicht bei den Gräben, abends spät,   188
und eine Franziskanerkutte,
schön weit, für jeden, knöchellang,
auch Brennholz, Kohle, Erbsen, Speck
und meine Schäfte ohne Fuß.   192

XXV

Item, aus Mitleid lasse ich
drei kleinen Knaben, nackt und bloß,
in diesem Schriftsatz gleich genannt
– 's sind arme Waisen, mittellos,   196
ganz ohne Schuhe, ohne Kleid
und ganz entblößt wie nur ein Wurm
(ich will, daß man sie gut versorgt,
daß sie den Winter noch durchstehn) –,   200

XXVI

zunächst Colin Laurens, und dann
Girard Gossuïn und Jehan Marceau,
die ohne Gut und Eltern sind,
nicht einen Eimerhenkel haben,   204
von meiner Habe einen »Schlag«
und, ziehn sie's vor, vier Heller blank;
sie solln manch guten Bissen speisen,
die Kinder, wenn ich alt und grau.   208

XXVII

Item, die Pfründenanwartschaft
hier bei der Universität
laß ich durch gültigen Rechtsverzicht,
um aus der Not sie zu befrein,   212
den armen Klerikern der Stadt,
die ich in diesem Schriftstück nenn;
dazu zwang mich die Caritas
und die Natur, die nackt sie sahn: 216

XXVIII

Ich denke an Guillaume Cottin
und Maistre Thibault de Vittry,
zwei Schüler, sprechen gar Latein,
voll Demut, singen gut am Pult,   220
friedfertig sind sie, streiten nicht;
den Mietzins tret ich ihnen ab,
den Guillot-Gueutrys Haus abwirft,
und hoffe, Beßres noch zu kriegen.   224

XXIX

Item, zum Krummstab füge ich
noch *den* aus der Rue Saint Antoine,
ein Queue vielleicht, zum Kugelstoß,
auch täglich tüchtig Seinewasser;   228
den Täubchen, die in großer Not
in der Voliere eingesperrt,
laß meinen guten Spiegel ich,
die Gunst auch der Beschließerin.   232

XXX

Und den Spitälern lasse ich
voll Spinnweb meine Fensterflügel;
wer unter einer Marktbank schläft,
der soll ein blaues Auge kriegen,   236
mit steifem Antlitz zittre er,
ganz mager, struppig und verschnupft,
mit kurzen Hosen, Fetzenrock,
klamm, ganz zerschlagen und durchnäßt.   240

XXXI

Item, ich lasse dem Barbier
von meinem Haarschnitt alle Schnipsel
uneingeschränkt und ungestört;
dem Schuster meine alten Schuh',   244
dem Trödler Kleider, so beschaffen,
daß ich sie doch gleich ausrangier;
für weniger, als ihr Neupreis war,
laß ich aus Nächstenliebe sie.   248

XXXII

Item, ich laß den Bettelmönchen,
den Gottesschwestern und Beginen
schmackhafte und gar leckre Bissen:
Kapaune, Auflauf, fette Hennen,   252
daß sie die »Fünfzehn Zeichen« predigen
und »Brot« mit beiden Händen pflücken.
Wenn Karmeliter unsre Fraun
besteigen, nein, das ist nicht schlimm!   256

XXXIII

Item, den *Goldnen Mörser* soll
Jehan de la Garde, der Kaufmann, haben,
vom Heiligen Maurus eine Krücke,
um einen Senfbrei sich zu stampfen.   260
Und wer als erster vorgeprescht,
mir zugesetzt, Sankt Anton soll
von mir aus ihn verbrennen lassen!
– Kein andres Erbe laß ich ihm.   264

XXXIV

Item, ich lasse Mirebeuf
und auch Nicolas de Louviers,
den beiden, eine Eierschale
voll Francs und alten Talerstücken.   268
Doch dem Verwalter von Gouvieulx,
Pierre de Rousseville, bestimme ich,
damit er mich genau versteht,
Geldstücke, die »der Prinz« verschenkt.   272

XXXV

Zum Schluß, als einsam ich so schrieb
an diesem Abend, gut gestimmt,
und dies Vermächtnis aufgesetzt,
hört' ich die Glocke der Sorbonne,   276
die jeden Tag um neun Uhr läutet
den Gruß, den einst der Engel sprach;
da brach ich ab, ließ gut es sein,
wollt' beten, wie das Herz befiehlt.   280

XXXVI

Dabei vergaß ich Zeit und Raum,
doch nicht, weil ich betrunken war,
in Fesseln war mein Geist gelegt.
Ich spürte, Frau Memoria   284
nahm und verschloß in ihrem Schrank
die *species collaterales*,
oppinativa, falsch und wahr,
und andre *intellectuales*.   288

XXXVII

Nicht minder die *aestimativa*,
aus der die *prospectiva* stammt,
simulativa, *formativa*,
durch die es öfters mal geschieht,   292
daß, wenn sie wirr, der Mensch verrückt
und monatsweise »launisch« wird.
Mich dünkt, ich las das, seh ich's recht,
einstmals im Aristoteles.   296

XXXVIII

Der Sensitiv erwachte drauf,
belebte neu die Phantasie,
die die Organe aufgeweckt
und die den obren Teil, der herrscht,   300
wie kraftlos in der Schwebe hielt,
weil ihn Vergessen niederdrückte,
das in mir sich verbreitet hatte,
des Geistes Bindung anzuzeigen.   304

XXXIX

Dann, als mein Sinn zur Ruhe kam,
die Urteilskraft sich frei gemacht,
da wollte ich mein Werk beenden,
doch war die Tinte ganz erstarrt,   308
die Kerze fand ich ausgeblasen;
da ich kein Feuer machen konnte,
ging ich zur Ruh, ganz eingemummelt,
und konnte anders nicht mehr enden.   312

XL

Dies schrieb am vorgenannten Tag
der ehrenwerte Franz Villon,
der Feigen nicht noch Datteln speist,
ganz dürr und schwarz, wie 'n Ofenwisch;   316
er hat kein Zelt, kein Wappenschild,
die er nicht seinen Freunden ließ,
hat nur ein wenig Kupfergeld,
doch das wird bald zu Ende sein.   320

Explicit.

Das Große Testament

I

Im Jahr, in dem ich dreißig werde,
gekostet hab von aller Schande,
kein ganzer Narr, kein Weiser bin,
trotz vieler Strafen, die ich büßte   4
und die ich all' empfangen habe
durch Bischof Thibault d'Aucigny ...
ist er gleich Bischof, Segen spendend,
daß er der meine, streit ich ab.   8

II

Ist nicht mein Herr, mein Bischof nicht,
gab mir kein Lehen außer Brache;
schuld keine Treu ihm, keinen Eid,
bin nicht sein Diener, nicht sein »Reh«.   12
Er hat mit wenig Brot und Wasser
mich einen Sommer lang verköstigt;
ob weit, ob eng sein Herz, ein Knauser:
Gott sei zu ihm, wie er zu mir!   16

III

Und wenn mich jemand tadeln wollte –
und sagen, daß ich ihn verwünsch,
so tu ich's nicht, versteht er's recht;
ich sage ihm nichts Übles nach.   20
Hier ist das Schlechte, das ich sag:
Wenn er zu mir barmherzig war,
soll Jesus, Paradieseskönig,
ihn gleich an Leib und Seel' behandeln.   24

IV

Und war er zu mir grausam, hart,
mehr, als ich hier berichten kann,
so wollt' ich, daß der ewige Gott
mit gleicher Münze ihm's vergelte.   28
Doch da die Kirche uns befiehlt,
daß wir für unsre Feinde beten,
so sag ich: Ich hab Schmach und Schande,
die er mir tat, Gott überlassen.   32

V

Für ihn bet ich, von Herzen gern,
beim Seelenheil Jean Cotarts selig;
doch wie? Ich tu's aus dem Gedächtnis,
zum Lesen bin ich ja zu faul.   36
Wie ein Pikarde werd ich beten:
Versteht er's nicht, geh' er und lern's,
so er mir glaubt, eh es zu spät,
nach Douai oder Lille in Flandern.   40

VI

Doch will er hören, was man betet
für ihn, wird er, dank meiner Taufe,
obwohl ich's nicht hinausposaune,
in seinem Warten nicht enttäuscht: 44
Sobald ich kann, such ich im Psalter,
der nicht aus Rind- noch Ziegenleder,
den siebten Vers, der steht geschrieben
vom Psalm, der anfängt *Deus laudem*.   48

VII

So bete ich zu Gottes Sohn,
zu dem ich fleh in aller Not,
daß mein Gebet etwas bewirkt
bei ihm, der Leib und Seel' mir gab,   52
der mich vor manchem Leid bewahrt'
und mich aus roher Macht befreit';
Lob Ihm und unsrer Lieben Frau
und Ludwig, Frankreichs gutem König.   56

VIII

Gott schenk' ihm Jakobs Glück zum Lohn
und Ehr' und Ruhm des Salomon
– nicht Tapferkeit, er hat genug,
noch Kraft, bei meiner Seelen Treu –,   60
dazu auf Erden, die vergeht,
so weit in Läng' und Breit' sie reicht,
damit man seiner stets gedenkt,
das Alter des Methusalem,   64

IX

zwölf schöne Kinder, Söhne nur,
aus seinem teuren Königsblut,
so tapfer wie der große Karl,
gezeugt in ehelichem Schoß   68
und mutig wie einst Sankt Martial:
Das werd' dem Ex-Dauphin zuteil!
Ich wünsche ihm kein Ungemach
und nach dem Tod das Paradies.   72

X

Doch weil ich heute schwach mich fühl,
am Beutel, nicht am Wohlbefinden,
hab ich, solang ich noch bei Sinnen,
so wenig Gott mir Sinn verliehen,   76
denn sonstwo hab ich nie geborgt,
dies Testament ganz unverbrüchlich
hier aufgesetzt, als letzten Willen,
unwiderruflich, einzig gültig.   80

XI

Ich schrieb's im Jahre einundsechzig,
als mich der König freigesetzt
aus harter Kerkerhaft in Meung
und mir mein Leben wiedergab,   84
wofür ich mich, solang mein Herz
noch schlägt, in Demut vor ihm neige;
das tu ich bis zu seinem Tod:
das Gute soll man nicht vergessen.   88

XII

Das ist wohl wahr, nach Klagen, Tränen
und Seufzern voller Angst und Pein,
nach Not und Schmerzen allzusehr
und Mühsal, schweren Wanderungen,   92
hat Leiden mir die dumpfen Sinne,
die »scharf wie Bälle«, mehr geöffnet
als alle Glossen des Averroës,
der Aristoteles glossierte.   96

XIII

Und doch, in meiner tiefsten Not,
als ich des Wegs zog mittellos,
wies Gott, der einst vor Emmaus
die beiden Pilger tröstete,   100
mir eine gute Stadt als Ziel
und schenkte neue Hoffnung mir.
Wie niedrig auch die Sünde ist,
Gott haßt nur den verstockten Sünder.   104

XIV

Ich bin ein Sünder, weiß es wohl,
und doch will Gott nicht meinen Tod,
ich soll mich bessern, richtig leben,
wie jeder, den die Sünde zwackt.   108
Bin ich gleich tot in meiner Sünd':
Gott lebt und übt Barmherzigkeit,
und wenn mich mein Gewissen drückt,
schenkt er aus Gnade mir Verzeihn.   112

XV

Und wenn im edelen *Roman*
der Rose gleich zu Anbeginn
der Dichter darlegt und gesteht,
man soll dem jungen Herz die Jugend,   116
wenn es in Ehren alt geworden,
verzeihn, so hat er, wahrlich, recht;
die aber, die mich jetzt verklagen,
wolln meine Reife nicht erkennen.   120

XVI

Und wenn das allgemeine Wohl
durch meinen Tod befördert würde,
ich würde mich wie einen Schelm
zum Tod verdammen, helf' mir Gott!   124
Doch schad ich weder Jung noch Alt,
ob aufrecht oder auf der Bahre:
Die Berge rührn sich nicht vom Fleck
für einen Armen, keinen Zoll.   128

XVII

Als Alexander noch regierte,
ward ein gewisser Diomed
ihm eines Tages vorgeführt;
an Hand und Daumen trug er Fesseln,   132
grad wie ein Dieb, denn er gehörte
zu den Piraten, die da räubern.
Er ward gestellt vor diesen Richter,
daß er den Todesspruch empfing.   136

XVIII

Der Kaiser sprach ihn also an:
»Warum bist du ein Seepirat?«
Zur Antwort gab der andre ihm:
»Was schiltst du einen Räuber mich?   140
Ist's, weil man mich auf kleinem Schiff
auf Raub ausziehn sieht auf dem Meer?
Könnt' ich wie du zum Kriege rüsten,
dann wär' ich Kaiser, so wie du.   144

XIX

Was willst du? Aus dem Schicksal mein,
dem ich nicht widerstehen kann,
das immer neidisch auf mich war,
erwächst mir diese Lebensart.   148
Entschuldigt mich doch irgendwie
und wißt, in großer Armut findet
– dies Wort ist allgemein bekannt –
sich niemals große Redlichkeit!«   152

XX

Und als der Kaiser alle Worte
des Diomedes abgewogen,
hat er: »Ich will zum Guten wenden
dein schlimmes Los« zu ihm gesagt.   156
Er tat's; und jener hat nie mehr
gelästert, ward ein Ehrenmann.
Valerius erzählt's als wahr,
den man in Rom den Großen nannte.   160

XXI

Wenn Gott mich hätte treffen lassen
solch einen gnädigen Alexander,
der mir den Weg zum Glück gewiesen,
und man mich dann hätt' straucheln sehn,   164
mit eigner Stimme hätt' ich mich
zum Feuertode selbst verdammt.
Die Not ist's, die uns irren läßt,
den Wolf treibt Hunger aus dem Wald.   ·   168

XXII

Der Jugendzeit gilt meine Reue,
in der ich mehr als andre praßte,
bis zum Beginn der alten Tage;
sie hat ihr Scheiden mir verschwiegen   172
und ist zu Fuß nicht fortgezogen,
auch nicht zu Pferd, wie also, ach?
Ganz plötzlich ist sie fortgeflogen
und ließ mir kein Geschenk zurück.   176

XXIII

Fort ist sie nun, ich aber bleibe,
an Wissen arm und an Verstand,
bin traurig, mutlos, brombeerschwarz,
hab weder Zins, noch Gut, noch Rente,   180
und noch der Letzte meiner Sippe
ist schnell zur Hand, mich zu verleugnen,
die Pflicht vergessend der Natur,
nur weil ein wenig Geld mir fehlt.   184

XXIV

Kein Vorwurf trifft, ich hätt' verschwendet
mein Geld für Schmausen und für Prassen;
nichts gab ich aus für Liebesdienste,
daß mich die Sippschaft tadeln könnte,   188
nichts jedenfalls, was sie belastet;
das sage ich und lüge nicht.
Dagegen kann ich mich wohl wehren:
Wer nichts verbrach, klag' sich nicht an.   192

XXV

Es ist wohl wahr, ich hab geliebt
und würde gerne weiter lieben;
doch trübes Herz und leerer Bauch,
der nur zum Drittel satt geworden,   196
vertreibt mich von der Liebe Pfaden.
Kurzum, ein andrer nutz' es aus,
der rund ist wie ein volles Faß,
denn nach dem Fressen kommt der Tanz!   200

XXVI

Hätt' ich studiert, das weiß ich wohl,
in meiner tollen Jugendzeit,
geführt ein sittenstrenges Leben,
ich hätt' ein Haus, ein weiches Bett . . .   204
Doch leider schwänzte ich die Schule,
wie es die bösen Buben tun.
Wie ich dies alles niederschreibe,
will es mir schier das Herz zerbrechen.   208

XXVII

Dem Wort des Weisen schenkte ich
zu viel Vertraun – da steh ich nun –,
das lautet: »Freue dich, mein Sohn,
in deiner Jugend«, doch sodann   212
serviert er uns ein andres Mahl,
denn: »Jugendalter, Jünglingszeit«
– genauso lauten seine Worte –
»sind nichts als Trug und Ignoranz.«   216

XXVIII

Mein Leben ist so schnell vergangen
wie – Hiob sagt's – der Leinwand Fäden,
wenn in der Hand der Webermeister
den Strohwisch hält, sie abzubrennen: 220
Steht aber noch ein Ende vor,
entfernt er es mit raschem Griff.
So fürcht ich keinen Schicksalsschlag,
denn alles endet mit dem Tod.   224

XXIX

Wo sind die freundlichen Kumpane,
mit denen einst ich Umgang pflegte,
die so froh sangen, heiter scherzten,
gut aufgelegt zu Tat und Wort?   228
Die einen sind nun tot und steif,
es ist von ihnen nichts geblieben
– sie mögen ruhn im Paradies,
die übrigen errette Gott!   232

XXX

Und andre wurden, Gott sei Dank,
zu großen Herren, zu Gebietern;
doch dritte betteln nackt und bloß,
sehn Brot nur in den Ladenfenstern;   236
noch andre traten in ein Kloster
bei Zölestinern und Kartäusern,
gestiefelt wie die Austernfischer.
Bedenkt die Standesunterschiede!   240

XXXI

Die Herren lass' Gott Gutes tun
und sorgenfrei in Ruhe leben;
bei ihnen gibt's nichts zu verbessern,
drum schweigt man besser über sie.   244
Den Armen aber, die nichts haben,
wie mir, mag Gott Geduld bescheren.
Die andren brauchen wirklich nichts,
sie haben Brot und Fleisch genug.   248

XXXII

Sie haben Weine, frisch gezapft,
Ragouts, auch Saucen, große Fische,
Gebäck und Torten, Eierspeisen,
pochiert, gestockt, auf jede Art.   252
Sie ähneln nicht den Maurersleuten,
die mühsam man bedienen muß:
Sie wollen keinen Mundschenk haben,
ein jeder schenkt sich selber ein.   256

XXXIII

Ich bin ein wenig abgeschweift,
obwohl's nicht meiner Sache dient.
Nicht Richter bin ich, abgestellt
zu strafen oder freizusprechen: 260
bin unvollkommen, mehr als alle;
Lob sei Dir, süßer Jesu Christ!
Ich will sie um Verzeihung bitten:
doch was ich schrieb, das ist geschrieben. 264

XXXIV

Das Kloster bleibe, wo es ist,
laßt uns von Heitererem sprechen;
dies Thema liegt wohl allen nicht,
denn lästig ist's und ärgerlich.   268
Die Armut, klagend, weinerlich,
auch widerspenstig, voller Trotz,
sagt oft im Zorn ein scharfes Wort;
wenn sie's nicht wagt, so denkt sie's doch.   272

XXXV

Arm bin ich seit der Jugendzeit,
stamm ab aus armem, kleinem Haus;
mein Vater war vermögend nicht
und auch Orrace, sein Vorfahr, nicht;   276
die Armut stellt uns allen nach,
und auf den Gräbern meiner Ahnen
– Gott nehme ihre Seelen auf –
sieht weder Zepter man noch Kronen.   280

XXXVI

Wenn meine Armut ich beklag,
so tröstet oftmals mich mein Herz:
»Mensch, quäle dich doch nicht so sehr
und gräm dich nicht in solchem Schmerz!   284
Bist du nicht reich wie einst Jacques Cueur,
ists besser arm, in grobem Kleid
zu leben, denn erst Herr zu sein
und faulen unterm Marmorstein.«   288

XXXVII

Erst Herr zu sein? . . . Was sagst du da?
Ein Herr, oh weh! Ist er's nicht mehr?
Wie David in den Psalmen sagt,
kennt er hier keine feste Statt. 292
Was weiter kommt, betrifft mich nicht,
es geht mich Sünder gar nichts an,
den Theologen weis ich's zu,
der Predigermönche Amt ist das. 296

XXXVIII

Ich bin gewißlich, weiß es wohl,
kein Engelssohn, der eine Krone
mit einem Stern noch Sternbild trägt:
Mein Vater starb, so gnad' ihm Gott! 300
Sein Leib ruht unterm Leichenstein;
die Mutter, weiß es, wird bald sterben
– sie ahnt es wohl, die arme Frau –,
und auch der Sohn, der bleibt nicht hier. 304

XXXIX

Ich weiß, daß alle, arm und reich,
ob Weise, Narren, Priester, Laien,
ob Bauern, Herrn, Verschwender, Knauser,
ob klein, ob groß, schön und entstellt, 308
ob Fraun mit umgelegten Kragen,
wes Standes sie auch immer sei'n,
die Turmfrisuren, Kopfputz tragen,
der Tod holt ohne Unterschied. 312

XL

Ob Paris stirbt, ob Helena,
wer immer stirbt, er stirbt mit Qual,
er ringt nach Luft, sein Atem stockt,
die Galle überm Herzen platzt,   316
dann schwitzt er Gott weiß welchen Schweiß...
Und niemand lindert ihm sein Leid,
denn Kinder nicht, noch Brüder, Schwestern,
die möchten dann sein Bürge sein.   320

XLI

Der Tod läßt zittern ihn, erbleichen,
krümmt ihm die Nase, dehnt die Adern,
sein Hals schwillt an, das Fleisch wird schlaff,
Gelenke knirschen, Sehnen spannen ...   324
Du Frauenleib, der du so zart,
so glatt und kostbar und so weich,
mußt du auch dieses Los erdulden?
Ja, oder gleich zum Himmel fahren.   328

Ballade

Sagt mir doch wo, in welchem Land,
ist Flora, schönste Römerin,
wo Archipiades und Thaïs,
die ihre Base ersten Grades,   332
wo Echo, die zu uns nur spricht,
wenn überm Fluß und Teich wir lärmen,

die übermenschlich schön gewesen?
Wo ist der Schnee vom letzten Jahr? 336

Wo ist die kluge Heloïse,
für die entmannt und Mönch geworden
Pierre Abälard in Saint Denis?
Dies war der Lohn für seine Liebe! 340
Wo, frag ich, ist die Königin,
die den Befehl gab, Buridan
im Sack zu werfen in die Seine?
Wo ist der Schnee vom letzten Jahr? 344

Die Königin Blanche, lilienweiß,
die lieblich sang wie die Sirene
und Berta Klumpfuß, Bietrix, Aliz,
wo Erembourg, Herrin von Maine, 348
Johanna aus Lothringerland,
von England in Rouen verbrannt,
wo sind sie, Jungfrau-Königin?
Wo ist der Schnee vom letzten Jahr? 352

Fragt, Fürst, mich doch nicht wochenlang,
wo sie geblieben, auch kein Jahr,
sonst muß ich Euch den Kehrreim nennen:
Wo ist der Schnee vom letzten Jahr? 356

Ballade

Wer noch? Wo ist Kalixt der Dritte,
der Letztverstorbne dieses Namens,
vier Jahre war er Papst gewesen;
Alfons, der König Aragoniens, 360

der gnädige Herzog von Bourbon
und Herzog Artus von Bretagne,
der Siebte Karl, den gut man nannte?
Wo ist der tapfre Charlemagne?   364

Und weiter, wo der Schotten König,
der eine Hälfte des Gesichts,
so sagt man, rot wie Blutstein hatte,
vom Scheitel bis herab zum Kinn?   368
Und Zyperns König, reich an Ruhm,
auch Spaniens tapfrer König, ach,
des Namen ich vergessen habe?
Wo ist der tapfre Charlemagne?   372

Ich will hier gar nichts weiter sagen,
die Welt ist nur ein Truggebild';
dem Tod kann niemand widerstehn,
noch einen Schutz dagegen finden.   376
Ich stell noch eine letzte Frage:
Der böhmische König Ladislaus,
wo ist er? Wo sind seine Ahnen?
Wo ist der tapfre Charlemagne?   380

Wo ist Claquin, Bretone kühn,
der Graf, Dauphin von der Auvergne,
von Alençon der selige Herzog?
Wo ist der tapfre Charlemagne?   384

Ballade

Sogar der heilige Apostel,
mit Albe und Amikt bekleidet,
der sich mit heiligen Stolen gürtet,
damit am Hals den Teufel packt, 388
der ganz von Bosheit ist entbrannt,
stirbt wie der letzte Laienbruder,
aus diesem Leben fortgeweht:
Das alles trägt der Wind von dannen! 392

Konstantinopels Kaiser selbst,
den goldnen Apfel in der Hand,
auch Frankreichs König, vornehm sehr,
vor allen andren ausgezeichnet, 396
der für den Gott, den wir verehren,
Abteien, Kirchen, Klöster baut,
– ward er zu seiner Zeit geehrt –:
Das alles trägt der Wind von dannen! 400

Und auch von Vienne und von Grenoble
der kluge, tapfere Dauphin,
und auch der Älteste des Herrn
von Dijon, von Salins und Dôle, 404
auch ihre Leute allesamt,
Trompeter, Herold' und Gefolge,
und hätten sie sich vollgefressen:
Das alles trägt der Wind von dannen! 408

Selbst Fürsten sind dem Tod geweiht
wie alle andren Erdenkinder;
auch wenn sie drüber zornig sind:
Das alles trägt der Wind von dannen! 412

XLII

Da Päpste, Könige, Königssöhne
und die gezeugt mit Königinnen,
bestattet werden, tot und starr
– an andre geht ihr Reich dann über –,   416
muß da ich armer Silbenkrämer
erst recht nicht sterben? Doch . . . Gott will's!
Wenn meine Waren Absatz fanden,
scheu' ich nicht ehrenvollen Tod.   420

XLIII

Nicht ewig dauert diese Welt,
was auch der reiche Raffer denkt;
uns allen droht des Todes Schwert:
der Trost bleibt mir, dem armen Greis,   424
der in dem Ruf des Spötters einst
in seiner Jugend hat gestanden,
doch den für toll und dreist man hielte,
wenn er, jetzt alt, noch spotten wollte.   428

XLIV

Denn wenn er, jung, Gefallen weckte,
sagt er jetzt nichts mehr, was gefällt
– ein alter Affe stets mißfällt,
macht nur Grimassen, die mißfallen –;   432
und wenn er schweigt, um zu gefallen,
gilt er als ausgemachter Narr;
doch spricht er, heißt es, er soll schweigen,
weil's nicht auf seinem Mist gewachsen.   436

XLV

Jetzt bleibt ihm nur der Bettelstab,
denn dazu zwingt ihn harte Not;
den Tod ersehnt er Tag für Tag,
so sehr drückt Trauer ihm das Herz!   440
Und oft, wär' da nicht Angst vor Gott,
vollbräscht' er schwere Missetat;
doch manchmal bricht er das Gebot
und bringt sich selber um sein Leben.   444

XLVI

So geht's den armen Weiblein auch,
die alt sind, nichts zu beißen haben,
wenn sie blutjunge Mädchen sehn,
die Kupplerdienst von ihnen fordern;   448
sie fragen Gott, warum so früh
sie wärn geborn, mit welchem Recht;
doch unser Herr, der schweigt ganz still,
denn käm's zum Streit, verlör' er wohl.   452

XLVII

Mir ist, als hörte ich noch klagen
die einst so schöne Helmschmiedin,
wie sie in ihre Mädchenzeit
zurück sich sehnte und so sprach: 456
»Ha! Alter, grausam und gemein,
was hast du mich so früh erdrückt?
Wer hält mich, daß ich nicht erstech
mich selbst, mich mit dem Stich entleibe?   460

XLVIII

Die höchste Macht nahmst du mir fort,
die Schönheit über Schreiber, Pfaffen
und Handelsherren mir verliehen;
denn damals gab's nicht einen Mann,   464
der mir nicht alles gern gegeben,
wie sehr es ihn auch später reute,
wenn ich ihm nur gelassen hätte,
was jetzt die Bettler selbst verschmähn.   468

XLIX

Ich hab es manchem Mann verwehrt,
was meinerseits nicht weise war,
weil einen Taugenichts ich liebte,
den reichlich ich damit beschenkt'.   472
Wie viele ich auch gleich umgarnte,
bei meiner Seel', ihn liebte ich;
doch er hat mich nur roh gequält
und liebte mich nur für mein Geld.   476

L

So konnte er mich gar nicht zerren
und treten, daß ich ihn nicht liebte!
Und hätte er mich totgeschleift
und dann gesagt, ich sollt' ihn küssen,   480
mein ganzes Leid hätt' ich vergessen.
Der gierige Lump, der Bösewicht,
umarmte mich . . . Das macht schön satt!
Was bleibt mir jetzt? Nur Schmach und Schande.

LI

Nun ist er tot, schon dreißig Jahr,
und ich blieb alt und weiß zurück.
Gedenk ich, ach, der guten Zeit
und schau mich nackt im Spiegel an   488
– wie war ich einst, wie bin ich jetzt! –
und seh, wie ich verändert bin,
vertrocknet, mager, klein und arm,
so könnt' ich fast vor Zorn vergehn.   492

LII

Was blieb von meiner glatten Stirn,
dem Blondhaar und dem Brauenschwung,
dem Augenstand, dem Schelmenblick,
mit dem ich noch den Schlausten fing,   496
der schönen Nase, zierlich-grad,
den Öhrchen, die so eng anlagen,
dem Grübchenkinn, den reinen Zügen,
und meinen schönen Purpurlippen;   500

LIII

was von den hübschen Schultern schmal,
den schlanken Armen, feinen Händen,
den kleinen Brüstchen, runden Hüften,
hochragend und dafür geschaffen,   504
zu trotzen manchem Liebesstreit,
der Kruppe breit, dem süßen Ding
auf starken Schenkeln, drall und fest,
versteckt in seinem Garten klein?   508

LIV

Die Stirn voll Runzeln, grau das Haar,
die Brauen licht, die Augen stumpf,
die Blicke warfen, fröhlich lachten,
wodurch manch armer Kerl getroffen;   512
die Nase krumm und nicht mehr schön,
die Ohren hängend, voller Moos,
das Antlitz bleich, erstorben, fahl,
das Kinn geschrumpft, die Lippen schlaff   516

LV

— das ist der Menschen Schönheit Ende . . . —,
die Arme kurz, die Hände steif,
die Schultern ganz und gar verbuckelt,
die Brüste, wie? sind ganz verschrumpelt,   520
die Hüften erst, die Warzen auch.
Das süße Ding, pfui! Und die Schenkel
sind keine Schenkel — Schenkelchen
und braun gesprenkelt wie zwei Würste!   524

LVI

So träumen von der guten Zeit
wir dummen Alten miteinander,
gebückt, auf unsren Fersen hockend,
auf einem Haufen, dicht geknäult,   528
ums kleine Feuer hanfner Stengel,
die, schnell entflammt, auch schnell erlöschen . . .
Und einstmals waren wir so hübsch!
So geht es manchem wohl und mancher.«   532

Ballade

»Ihr, schöne Handschuhmacherin,
denkt dran, die Ihr Novizin wart,
und Blanche, Ihr, die Schusterin,
jetzt ist es Zeit, taxiert euch nur!   536
Greift zu, wie's kommt, mal links, mal rechts,
schont keinen Mann, ich bitte euch,
denn Alte sind jetzt ohne Wert
wie Geld, das außer Kurs gesetzt.   540

Und Ihr auch, hübsche Metzgerin,
die Ihr geschickt im Tanzen seid,
Guillemete, Teppichwirkerin,
gehorcht nur Eurer Meisterin: 544
Bald müßt Ihr Eure Läden schließen!
Seid Ihr erst einmal alt und welk,
dient Ihr nur noch den alten Pfaffen,
wie Geld, das außer Kurs gesetzt.   548

Laßt, Haubenmachrin Jehanneton
von Eurem Freund Euch nicht behindern;
Ihr, Katherine, Beutelnäherin,
schickt keine Männer mehr zum Teufel;   552
wer nicht sehr schön ist, sollte nicht
den Mann vergraulen, sondern lächeln,
und garstige Vetteln liebt man nicht,
wie Geld, das außer Kurs gesetzt.   556

Ihr Mädchen, müht euch zu verstehn,
warum ich weine, bitter klage:
Ich kann mich nicht in Umlauf bringen
wie Geld, das außer Kurs gesetzt.«   560

LVII

Die Mahnung hier erteilet ihnen,
die einstmals schön war und geschickt.
Ob recht sie sprach, ob schlecht, wie immer,
was sie gesagt, ließ ich notieren   564
vom Schreiber Firmin, dem Zerstreuten,
ein klarer Kopf, grad so wie ich;
straft er mich Lügen, fluch ich ihm,
denn wie der Diener, so der Herr.   568

LVIII

Auch ich erkenne die Gefahr,
in die ein Liebender sich stürzt.
Und wer mich darum tadeln will,
daß ich so sprach, und sagt: »Hör zu!   572
Wenn dir der Vorgenannten List
die Liebesfreuden arg vergällt,
so irrst du dich, bist wirklich dumm,
denn das sind Frauen ohne Ehr'.   576

LIX

Denn sind sie nur für Geld bereit,
liebt man sie auch nur stundenweise;
sie lieben rundum alle Welt
und lachen, wenn der Beutel weint.   580
Doch suchen sie nur Abenteuer;
um Frauen, ehrbar, gut beleumdet,
soll sich der Edle, helf mir Gott,
bemühen, doch um andre nicht.«   584

LX

Gesetzt, es spräche jemand so,
kann er mich doch nicht überzeugen.
Er kommt fürwahr ja zu dem Schluß,
versteh ich seine Meinung recht,   588
man liebe nur, die ehrbar sind.
Dann möcht' ich wissen, ob die Mägdlein,
mit denen Tag für Tag ich spreche,
nicht früher einmal ehrbar waren?   592

LXI

Sie waren ehrbar, das ist wahr,
zu tadeln nicht und nicht zu schmähn.
Doch nahm sich gleich zu Anbeginn
von diesen Frauen eine jede,   596
bevor sie ihren Ruf verloren,
ob Mönch, ob Kleriker, ob Laien,
um ihre Liebesglut zu löschen,
die heißer als Antoniusfeuer.   600

LXII

Sie nahmen sich auf diese Weise
erst *einen* Freund, das ist wohl wahr,
sie liebten nur ihn ganz allein,
kein andrer hatte daran teil.   604
Doch solche Liebe sich verzweigt,
denn die, die einen nur geliebt,
geht von ihm fort, läßt ihn allein
und will viel lieber alle lieben.   608

LXIII

Was treibt sie denn? Ich meine wohl
und will der Frauen Ehr' nicht kränken:
Das ist die weibliche Natur,
die alle Männer lieben will.   612
Sonst wüßt' ich keinen andren Reim
als den, es heißt in Reims und Troyes,
und selbst in Lille und Saint Omer:
Sechs Männer schaffen mehr als drei.   616

LXIV

Die dummen Freier stehn im Aus,
die Damen schmettern ihre Bälle!
Das ist der Lohn für wahre Liebe,
und Treu und Glauben sind verletzt.   620
Wie süß die Küsse, das Umhalsen:
Bei Hunden, Vögeln, Waffen, Fraun,
die Wahrheit ist nur zu bekannt –
für eine Freude hundert Schmerzen.   624

Doppelballade

Drum liebt, soviel ihr lieben mögt,
sucht Feste auf und Lustbarkeiten,
am Ende steigt ihr nicht im Wert
und stumpft nur eure Sinne ab.   628
Der Liebeswahn macht Menschen dumm:
trieb Salomon zum Götzendienst,
nahm Samson gar sein Augenlicht.
Beneidenswert, wer frei davon!   632

Und Orpheus gar, der Spielmann süß,
der Dudelsack und Flöte spielte,
nahm die Gefahr auf sich, zu töten
den Zerberus mit den vier Köpfen;   636
Narziß, der schöne, edle Knabe,
ertrank im tiefen Brunnenschacht,
er tat dies seiner Lieb zuliebe.
Beneidenswert, wer frei davon!   640

Sardanapal, der Ritter wert,
der 's Kreterreich hat eingenommen,
wollt' sich zur Weiberart bekehren
und mit den jungen Mädchen spinnen;   644
und König David, der Prophet,
vergaß aus Liebe Gottesfurcht,
als er im Bade Schenkel sah.
Beneidenswert, wer frei davon!   648

Es wollte Amnon gar entehren,
indem er tat, als äß' er Küchlein,
die Schwester Thamar, und sie schänden,
das war ein schimpflicher Inzest;   652
Herodes – das ist nicht erfunden –
des Täufers Haupt vom Rumpfe trennte
für Tänze, Sprünge, kleine Lieder.
Beneidenswert, wer frei davon!   656

Jetzt will ich von mir Armem sprechen:
Man schlug wie Leinwand mich am Bache
ganz nackt, ich will es nicht verhehlen.
Wer ließ mich diese Pillen schlucken,   660
wenn nicht Katherine de Vauselles?
Und auch Noël, im Bund der Dritte,
bekam bei dieser Feier Prügel.
Beneidenswert, wer frei davon!   664

Doch sollte nun der junge Bursch
deswegen von den Mädchen lassen?
Nein, würde man ihn selbst verbrennen
lebendig wie den Besenreiter!   668
Sind süßer ihm als Moschuskatzen,
doch ist ein Narr, wer ihnen traut,
ob sie nun blond sind, ob brünett.
Beneidenswert, wer frei davon!   672

LXV

Wenn jene, der ich einst gedient
mit edlem Herzen, treu ergeben,
um die ich dann viel Kummer litt
und solche Qual erdulden mußte,   676
zu Anfang gleich erklärt mir hätte,
was sie im Sinn trug, aber nein!
Ich hätte alles drangesetzt,
aus ihrem Netz mich zu befrein.   680

LXVI

Was ich ihr auch erzählen mochte,
sie war bereit, mir zuzuhören,
und sagte weder ja noch nein.
Dazu ließ sie mich bei sich liegen,   684
an sie geschmiegt, ins Ohr ihr flüstern . . .
So hielt sie lange mich zum besten
und ließ mich alles ihr erzählen,
doch führte sie mich hinters Licht.   688

LXVII

Sie narrte mich und ließ mich glauben,
daß eines stets ein andres sei:
Mehl wäre Asche eigentlich,
ein Samtbarett ein Hut aus Filz,   692
und Eisengraupe gutes Zinn,
ein Einerpasch ein Dreierpasch
– ein Gauner stets den andren täuscht,
gibt Schweineblasen für Laternen –,   696

LXVIII

der Himmel eine Kupferpfanne,
die Wolken wären Kälberfelle,
der Morgen schon der Abendschein,
ein Kohlstrunk eine weiße Rübe   700
und schales Bier gleich neuem Wein,
die Wurfmaschine eine Mühle,
ein Stück der Schnur ein ganzer Strang,
ein fetter Abt ein schlanker Knapp'.   704

LXIX

So hat die Liebe mich getäuscht
und an der Nase rumgeführt!
Ich glaube, keiner ist so schlau,
wär' fein er wie Kapellensilber,   708
daß er nicht Hemd und Rock verloren,
wär' er wie ich mißhandelt worden,
der ich mich allerorten nenn'
den Liebenden, den man verstieß.   712

LXX

Ich leugne Amor, trotze ihm
und fordre ihn zu blutigem Streit.
Der Tod vernichtet mich durch ihn,
doch schert's ihn nicht den kleinsten Deut.
Die Leier legt' ich untern Tisch,
nie folg ich mehr den Liebenden;
und kämpft' ich einst in ihren Reihn,
will ich nie mehr dazugehören.   720

LXXI

Den Helmbusch warf ich in die Luft,
es folge ihnen, wer noch hofft!
Von nun an schweige ich davon,
will meinen Plan zu Ende führen.   724
Und wenn mich jemand fragt, bedrängt,
wie Liebe ich zu schmähen wage,
dann mag ihm dieser Satz genügen:
»Der Sterbende darf alles sagen.«   728

LXXII

Ich weiß, mein letzter Durst, der naht,
schon ist mein Speichel watteweiß,
Mönchskotzen spei ich, ballengroß.
Was heißt das? Daß mich Jehanneton   732
nicht mehr für einen Jüngling hält,
vielmehr für einen alten Gaul.
Ich spreche wie ein alter Greis
und bin doch nur ein junger Hahn.   736

LXXIII

Gott sei's gedankt . . . und »Tacque« Thibault,
der mich ließ kaltes Wasser saufen
im tiefen Loch, nicht obenauf,
mir manche Angstbirn' gab zu fressen,   740
im Eisen . . . Denke ich daran,
bet ich für ihn, *et reliqua*,
Gott schenke ihm, jawohl, fürwahr,
das, was ich denk, *et cetera*.   744

LXXIV

Indessen, Böses wünsche ich
nicht ihm noch seinem Stellvertreter
und auch nicht seinem Offizial,
der »freundlich« ist und »liebenswert«;   748
ich hab nur mit dem Rest zu tun,
nehm aber Meister Robert aus:
Ich liebe alle drei vereint
wie der Lombarde Gott den Herrn.   752

LXXV

Ich weiß noch sehr wohl, Gott sei Dank,
daß ich beim Abschied ausgesetzt
Legate anno sechsundfünfzig,
die, ohne daß ich zugestimmt,   756
als »Testament« bezeichnet wurden.
Das mag man tun, mir paßt das nicht.
Was soll's? Der Spruch ist allbekannt:
Nicht jeder ist des Seinen Herr.   760

LXXVI

Nicht widerrufen will ich sie,
selbst wenn mein ganzes Land draufgeht.
Mein Mitleid ist noch nicht ganz kalt
mit jenem Bastard de la Barre: 764
Zu den drei Schütten Stroh von einst
schenk ich ihm meine alten Matten;
sie taugen noch, um »durchzuhalten«
und sich die Knie abzustützen.   768

LXXVII

Hat jemand aber nicht bekommen,
was ich ihm hinterlassen habe,
so soll er es nach meinem Tod
von meinen Erben für sich fordern.   772
Wer sind sie? Er verlang' es von
Morreau, Prouvins, Robin Turgis:
Sie haben, könnt ihr ihnen sagen,
was mir gehörte, selbst mein Bett.   776

LXXVIII

Kurzum, ich sag nur noch ein Wort
und will beginnen zu testieren.
Ich will vor Firmin, meinem Schreiber,
der's hört, so er nicht schläft, bezeugen,   780
daß in der jetzigen Verfügung
ich niemand »detestieren« will,
sie auch nicht publizieren möchte
als innerhalb von Frankreichs Grenzen.   784

LXXIX

Mein Herz wird schwach, ich fühl es wohl,
kann kaum den Mund zum Sprechen öffnen.
Firmin, setz dich hier dicht ans Bett,
daß man mich nicht belauschen kann.   788
Nimm Tinte, Feder und Papier
und was ich sage, schreib geschwind,
dann mach es überall bekannt.
Und hier ist also der Beginn.   792

LXXX

Bei Gott, dem Vater ewiglich,
dem Sohn auch, den die Magd gebar,
der ewig wie der Vater ist,
und göttlich wie der Heilige Geist,   796
der Adams Sündenfall geheilt,
die Himmel mit den Sündern schmückt . . .
Dem, der dran glaubt, gebührt Verdienst,
daß Tote kleine Götter werden.   800

LXXXI

Sie waren tot an Leib und Seel',
in alle Ewigkeit verdammt,
der Leib verfault, die Seel' in Flammen,
wes Standes sie auch immer waren.   804
Indessen nehm ich davon aus
die Patriarchen und Propheten,
denn ihnen, stelle ich mir vor,
war's niemals heiß am Hinterteil.   808

LXXXII

Und sagt da jemand: »Wer erlaubt,
daß solche Meinung Ihr verkündet,
habt nie Theologie studiert?
Aus Eurem Mund ist's Dünkel toll!«   812
So sag ich, Jesu Gleichnis lehrt's,
vom Reichen, der ins Feuer kam
und nicht auf weiche Bettestatt,
dieweil der Arme oben thront.   816

LXXXIII

Hätt' auch des Armen Hand gebrannt,
hätt' keine Kühlung er erbeten,
nicht ihre Spitze packen wollen,
um seinen Kiefer zu erfrischen.   820
Dort machen Zecher saure Mienen,
die Wams und Hemd und Kleid versaufen!
Da dort Getränke teuer sind,
schütz' Gott uns vor des Teufels Griff!   824

LXXXIV

Im Namen Gottes, wie gesagt,
und seiner Mutter, rühmenswert,
sei sündelos dies Werk beendet,
bin ich gleich magrer als Chimären.   828
Und litt ich nie an Eintagsfieber,
so dank ich dies des Himmels Huld;
von andrem Kummer und Verlust,
da schweige ich und fang jetzt an.   832

LXXXV

Primo, mit meiner armen Seele
beschenk ich die Dreifaltigkeit,
empfehl sie Unsrer Lieben Frau,
ihr, dem Gefäß der Göttlichkeit;   836
und bitte die barmherzige Liebe
der neun hochwürdigen Engelschöre,
daß sie die demutsvolle Gabe
empor vor Gottes Thron hintragen.   840

LXXXVI

Item vermach und hinterlasse
ich meinen Leib der Mutter Erde;
die Würmer finden dran kaum Fett,
zu hart hat Hunger ihn bekriegt.   844
Er sei ihr schleunigst übergeben,
aus Staub er kam, zu Staub er wird!
Und alles, wenn ich mich nicht irr,
kehrt gern an seinen Ort zurück.   848

LXXXVII

Item, ihm, meinem mehr als Vater,
Magister Guillaume de Villon,
der sanfter war als eine Mutter,
als kaum den Windeln ich entwuchs   852
– befreite mich aus mancher Not
und freut sich über diese nicht;
drum fleh ich ihn auf Knien an,
daß allen Spaß dran er mir läßt –,   856

LXXXVIII

ihm laß ich meine Bibliothek,
auch den Roman »Der Teufelsfurz« –
ihn hat Magister Tabarye
kopiert und ist ein »wahrer« Mann.   860
»Heftweise« liegt er unterm Tisch;
ist er recht kunstlos auch verfaßt,
so ist der Stoff doch merkenswert,
daß er die ganze Untat sühnt.   864

LXXXIX

Item, der armen Mutter laß
ein Grußlied ich für Unsre Herrin,
die um mich bittren Schmerz erlitten,
weiß Gott, und Traurigkeit genug;   868
– denn andre Zuflucht hab ich nicht,
um Leib und Seele drin zu bergen,
wenn schlimmes Unglück mich befällt,
auch meine arme Mutter nicht.   872

Ballade

Du Himmelskönigin, Herrscherin der Erden,
du Kaiserin der höllischen Gefilde,
mich demutsvolles Christenweib nimm auf,
laß zu den Auserwählten mich gehören,   876
wenngleich ich kein Verdienst auf Erden hatte.
Doch Deine Gaben, meine hohe Herrin,
sind größer als das Ausmaß meiner Sünden,

und ohne sie verdient sich keine Seele 880
den Himmel; sag es ohne jeden Arg:
Das glaube ich im Leben wie im Sterben.

Sag Deinem Sohn, daß ich ihm ganz gehöre;
er möchte meine Sünden mir vergeben.
Er sei mir gnädig wie der Aegyptiaca
und wie dem schlechten Priester Theophil, 886
der, Dir sei Dank, gerettet werden konnte,
obwohl dem Teufel er sein Wort verpfändet.
Beschütz mich, daß ich solches niemals tue,
o Jungfrau ohne Fehl, die Du getragen 890
den Leib des Herren, den die Messe feiert:
Das glaube ich im Leben wie im Sterben.

Ich bin nur eine arme alte Frau,
die gar nichts weiß und niemals lesen konnte.
Ich sehe in dem Münster der Gemeinde
des Himmels Bild, voll Harfen und voll Lauten, 896
auch eine Hölle, wo die Sünder sieden;
das eine macht mir Angst, das andre Freude.
Laß Freude mich empfinden, Hohe Göttin,
zu der die Sünder Zuflucht nehmen müssen, 900
voll Glauben, ohne Falsch und ohne Trägheit:
Das glaube ich im Leben wie im Sterben.

Vielwürdige Jungfrau, Fürstin, die getragen,
Iesum, der herrscht, bis alle Zeiten enden,
Lieh unsre Schwäche sich, trotz seiner Allmacht,
Ließ gar den Himmel, kam, um uns zu helfen, 906
Ob Tod auch seiner teuren Jugend drohte,
Nur er ist, so bekenn ich, unser Herr:
Das glaube ich im Leben wie im Sterben.

XC

Item, dem Lieb, der teuren Rose,   910
ihr laß ich Leben nicht noch Leber;
sie hätte andres lieber auch,
obwohl sie Geld genug schon hat . . .
Was? Einen großen »Seidensäckel«,   914
voll harter Taler, tief und weit.
Doch soll der hängen, wär's ich selbst,
der Taler ihr und Heller läßt.

XCI

Sie hat genug schon ohne mich,   918
doch kümmert mich das gar nicht mehr,
mein größter Schmerz drob ist vorbei;
auch brennt mein Steiß deshalb nicht mehr.
Ich überlaß sie Michaults Erben,   922
der einst der »Wackre Vögler« hieß;
für ihn jetzt betet, springt dann hin
nach Saint Satur, nah bei Sancerre.

XCII

Wohlan, damit ich meine Schuld   926
bei Amor zahle, nicht bei ihr
– denn niemals konnte ich von ihr
nur einen Hoffnungsstrahl erlangen:
Ich weiß nicht, ob sie wohl zu allen   930
so spröde war, mich schmerzt das sehr,
doch bei der Heiligen Jungfrau schön,
da gibt es für mich nichts zu lachen –,

XCIII

will ich ihr die Ballade schicken,   934
wo jedes Reimwort schließt mit »R«.
Wer bringt sie ihr? Laßt mich mal sehn . . .
Nun, Pernet de la Barre soll's sein,
doch nur, wenn er auf seiner Runde   938
mein schiefgenastes Fräulein trifft
und zu ihr unvermittelt sagt:
»Wo kommst du her, gemeine Hure?«

Ballade

Falsch bist du, Schönheit, hoch ist mir dein Preis,
Rauh deine Wirkung, trügerisch die Süße,
Ach Amor, mit dem eisenharten Zaum,
Nenn ich dich, sicher, daß ich unterliege.
Charme voller Trug, des armen Herzens Tod,   946
O Stolz, verborgen, der die Menschen tötet,
Ihr Augen ohne Mitleid, will das Recht
Statt ihn zu strafen, nicht dem Armen helfen?

Mein Heil hätt' besser ich für mich gesucht   950
An einem andren Ort, zu meiner Ehre.
Riß mich doch nichts aus dieser Pein heraus:
Trolln muß ich mich und fliehn und bin entehrt,
Helft mir, o helft! So klag ich laut und leis.   954
Erliegen müßt' ich, nicht mich wehren dürfen?
Will 's Mitleid denn, wie meine Verse klagen,
Statt ihn zu strafen, nicht dem Armen helfen?

Einst kommt die Zeit, die eure volle Blüte 958
vertrocknen, gilben, welken machen wird.
Ich lachte drob, wenn ich noch kauen könnte,
doch nein, das wäre pure Narretei:
Denn ich bin alt, ihr häßlich, ohne Farbe. 962
Drum trinkt, solang das Bächlein fließen mag;
durch Zaudern macht den andren keine Pein,
statt ihn zu strafen, wollt dem Armen helfen!

Verliebter Fürst, Ihr, der Verliebten Größter, 966
ich möchte Euren Mißmut nicht erregen,
doch muß ein edles Herz, Gott sei mein Zeuge,
statt ihn zu strafen, einem Armen helfen!

XCIV

Item, ich geb Ythier Merchant, 970
dem einst mein Schwert ich hinterließ,
vorausgesetzt, daß er's vertont,
dies Lied, es hat der Verse zehn,
ein *De profundis* auch zur Laute 974
für seine einstigen Liebeleien,
doch nenn ich ihre Namen nicht,
sonst haßt' er mich in Ewigkeit.

Lied

Tod, deine Härte klag ich an, 978
hast meine Herrin mir entrissen,
auch ist dein Zorn noch nicht verraucht,
weil du mich weiter schmachten läßt.

Nie hatte ich seitdem noch Kraft;   982
was konnte sie dir lebend schaden?
Tod, deine Härte klag ich an,
hast meine Herrin mir entrissen.

Zwei warn wir, hatten nur ein Herz;   986
nun ist es tot, auch ich muß scheiden,
wahrhaftig, oder leblos leben
wie Schattenbilder, nur zum Schein.

Tod, deine Härte klag ich an,
hast meine Herrin mir entrissen,
auch ist dein Zorn noch nicht verraucht,
wenn du mich weiter schmachten läßt.

XCV

Item, Magister Jehan Cornu   990
will ich ein neues Erbe lassen,
denn er hat stets mich unterstützt
in großer Not und Widrigkeit.
Drum überschreib ich ihm den Garten,   994
den mir Herr Pierre Bobignon
verpachtet hat, wenn er das Tor
erneuern läßt, den Giebel richtet.

XCVI

Weil's keine Tür gab, ließ ich dort   998
den Schlagstock und den Wackerstein.
Acht Falken hätten, und selbst zehn,
dort keine Lerche schlagen können:
Das Haus ist sicher, wenn man's schließt.   1002
Ein Dietrich war mein Wappenschild,
wer ihn gespürt, der lobt mich nicht . . .
Verdammte Nacht, als Kissen Stein.

XCVII

Item, da mich die Ehefrau   1006
von Maistre Piere Saint Amant
– ist ihre Seel' drum sündenschwer,
mag Gott ihr gnädig dies verzeihn! –
mit einem Bettler gleichgestellt,   1010
so tausch ich ihm das *Weiße Pferd*,
das lahmt, für eine »Stute« ein,
das *Maultier* für 'nen »Roten Esel«.

XCVIII

Item vermach ich Sire Denis   1014
Hyncelin, dem Schiedsmann von Paris,
vierzehn Schaff Wein, Wein von Aunis,
gekauft auf Rechnung bei Turgis.
Tränk' er davon so viel, daß er   1018
dadurch verlöre den Verstand,
dann gieß' man Wasser in die Fässer:
Der Wein manch gutes Haus verdirbt.

XCIX

Item laß meinem Anwalt ich, 1022
dem Maistre Guillaume Charüau,
was? das, was einst Marchant bekam,
mein Schwert; doch schweig ich von der Scheide,
dazu noch einen Goldreal 1026
in Kleingeld, daß sein Beutel schwillt;
ich fand ihn auf den Pflastersteinen
der großen Wiese vor dem Temple.

C

Item, mein Rechtsbeistand Fournier 1030
soll für die vielen Plackereien
– gar töricht wär's, ihn auszusparen –
aus meinem Sack vier Handvoll haben;
für mich gewann er viele Fälle, 1034
gerechte zwar, bei Jesu Christ,
als solche wurden sie befunden,
doch gutes Recht oft Stütze braucht.

CI

Item kriegt Maistre Jacques Raguier 1038
vom Grève-Platz die *Große Schale*,
wofern er nur vier Groschen zahlt,
müßt' er verkaufen, sich zur Last,
womit man Bein und Wade deckt, 1042
nacktbeinig in den Latschen gehn,
wenn ohne mich er trinkt und zecht
im Kneipenloch *Zum Tannenzapfen*.

CII

Item, was Merebuef betrifft   1046
und auch Nicolas de Louviers,
laß weder Kuh noch Ochs ich ihnen,
sind ja nicht Kuh- noch Rinderhirten,
doch Handschuh' für die Sperberjagd,   1050
und glaubt nur nicht, ich machte Spaß,
auf Rebhuhn und auf Regenpfeifer,
todsicher . . . bei der Machecoue.

CIII

Item, käm' Robert Turgis her   1054
zu mir, ich zahlt' ihm seinen Wein;
doch findet er mein Hauptquartier,
dann schlägt er jeden Hexenmeister.
Ich lasse ihm das Schöffenrecht,   1058
das als Pariser Kind ich hab.
Und wenn ich »poitevinisch« sprech,
so brachten mir's zwei Damen bei.

CIV

Sie sind sehr schön und liebenswert   1062
und wohnen in Saint-Généroux
bei Saint-Julïen-de-Vouvantes,
liegt bei Bretagne und Poitou.
Doch will ich nicht genau verraten,   1066
wo jeden Tag herum sie streichen;
bei meiner Seel'! Bin doch nicht blöd,
will meine »Liebchen« gut verstecken.

CV

Item vermach ich Jehan Raguier,   1070
dem Polizisten bei den »Zwölf«,
sein Leben lang, so setz ich fest,
tagtäglich eine Käseschmiere,
damit er sich das Maul vollstopft,   1074
vom Tisch Baillys soll er sie holen;
er spül' in Maubué die Kehle,
beim Essen war er niemals faul.

CVI

Item, dem Prinz der Narrenzunft   1078
vermache ich Michaut du Four,
der wirklich gute Witze macht
und hübsch »Mein süßes Liebchen« singt,
als rechten Narrn, auch meinen Gruß;   1082
kurz, wenn man ihn nur ausstaffiert,
ist er ein ausgemachter Narr,
doch witzig nur, wo er nicht ist.

CVII

Den elf mal zwanzig Wachsoldaten   1086
laß ich – gar ehrbar ist ihr Amt,
und es sind gute, sanfte Leute,
zumal Richier und Jehan Valecte –
je eine lange, feste Schnur,   1090
um sie zu knüpfen an ... die Filze,
ich meine die zu Fuß, hoch, hoch!
Mit andren hab ich nichts zu tun!

CVIII

Erneut bedenk ich Perrenet,　　　　　　1094
ich mein den Bastard de la Barre,
weil er ein netter, saubrer Kerl:
geb ihm ins Wappen statt des »Balkens«
drei falsche Würfel, gut gemacht,　　　　1098
dazu ein hübsches Kartenspiel.
Doch wie? Hört, wie er pupst und furzt,
das Quartanfieber kriegt er noch!

CIX

Item, will nicht mehr, daß Chollet　　　1102
die Dauben glättet, Bretter schneidet,
noch Krug und Faß mit Reifen bindet,
will, daß er all sein Werkzeug tauscht
für einen Degen aus Lyon　　　　　　1106
und nur den Schlegel einbehält:
Obgleich er Krach und Lärm nicht mag,
hat er ihn doch ein wenig gern.

CX

Item vermach ich Jehan le Lou,　　　　1110
dem guten Kaufmann, ehrenwert,
weil er so schlank und schmächtig ist
und Cholet nicht als »Spürhund« taugt,
ein schönes Hündchen für die Jagd,　　1114
das nie ein Huhn läßt auf der Gasse.
Der lange Umhang deckt ihn gut,
es zu verstecken, unsichtbar.

CXI

Item, dem »Holzgoldschmied« vermach 1118
ich hundert Näglein, Stiel' und Spitzen,
vom sarazenischen Ingwerstrauch,
nicht, daß er paarweis Schachteln richtet,
nein, daß der Ärsch' und Schwänze fügt 1122
und Schinken an die Würste bindet,
bis daß die Milch die Titten füllt
und 's Blut bis in die Eier sinkt.

CXII

Dem Wachhauptmann Jehan Riou, 1126
ihm wie auch seinen Bogenschützen,
vermache ich sechs Wolfstrophäen;
das ist kein Fleisch für Schweinehirten,
mit Metzgerdoggen fing man sie 1130
und sott sie dann in Tresterwein;
für solche edlen Leckerbissen
beging' wohl mancher ein Verbrechen.

CXIII

Dies Fleisch ein wenig schwerer wiegt 1134
als Flaum, auch Daunen oder Kork;
zur Zeltstadt nimmt man's gerne mit,
auch ißt man's bei Belagerungen.
Doch wenn sie in die Falle gingen, 1138
die Doggen gar nicht jagen könnten,
sag ich als »Arzt«: Aus ihrem Fell
soll er sich Winterpelze machen.

CXIV

Item, dem Robinet Trouscaille,   1142
der nie im Dienst, da hat er recht,
zu Fuß wie eine Wachtel schleicht,
vielmehr auf fettem Rosse sitzt,
laß ich aus meinem Tafelsilber   1146
ein Näpfchen, wagt's ja nicht zu borgen;
dann ist sein Hausstand erst komplett,
nichts andres fehlte ihm dazu.

CXV

Item erhält Perrot Girard,   1150
der Zunftbarbier von Bourg-la-Reine,
zwei »Becken«, einen »Wasserkessel«,
weil so sein Leben er verdient.
Ein halbes Dutzend Jahr' ist's her,   1154
daß er in seinem Haus mich nährte
mit »fetten Schweinen« eine Woche;
die Abtsfrau von Pourras bezeugt's!

CXVI

Item bring ich den Bettelbrüdern,   1158
den Gottesschwestern und Beginen,
sei's aus Paris, aus Orléans,
den Turlupins und Turlupinen,
zum Opfer fette »Bettelsuppen«,   1162
von Eierspeisen eine Gabe;
dann, unter ihren Bettvorhängen,
solln sie vom »Kontemplieren« sprechen.

CXVII

Nicht ich bin's, der sie so bedenkt,   1166
es sind die Mütter aller Kinder
und Gott, der sie belohnen will,
für den sie bittre Qualen dulden.
Die lieben Väter müssen leben,   1170
besonders jene aus Paris:
Wenn unsre Weiber sie erfreun,
ist's nur aus Liebe zu den Männern.

CXVIII

Was Maistre Jehan de Poullieu   1174
dazu gesagt *et reliqua*:
Er ward gezwungen, öffentlich
und schmachbedeckt zu revozieren.
Auch Jean de Meung verhöhnte sie,   1178
das gleiche tat Matheolus;
doch soll man ehren, was geehrt
von Gottes Kirche wird auf Erden.

CXIX

So füg ich mich und bin ihr Knecht   1182
in allem, was ich tu und sage,
will herzlich gerne sie verehren,
gehorsam, ohne Widerspruch.
Ein Narr, wer schlecht von ihnen spricht,   1186
denn sei's privat, im Predigtstuhl,
auch sonstwo, das ist ja bekannt,
die Leute könnten Rache nehmen.

CXX

Item ich Bruder Baude laß,   1190
dem aus dem Karmeliterkloster,
mit seinen »kühnen, tapfren« Zügen,
zwei Hellebarden, einen Helm,
damit Detuscas Reiterschergen   1194
ihm nicht den »grünen Käfig« stehlen;
alt ist er: streckt er nicht die Waffen,
ist er der Teufel von Vauvert.

CXXI

Item, weil der Herr Siegelmeister   1198
gar manchen Bienendreck gekaut,
vermach ich ihm, dem Ehrenmann,
sein Siegel, vorher angespuckt,
den Daumen wünsch ich ihm schön platt,   1202
um's ganz auf einmal abzudrücken;
ich meine den vom Bischofssitz,
den andren aber helfe Gott!

CXXII

Den hohen Herren Auditoren   1206
wird ihre Scheuer holzgetäfelt,
und die am Hintern Räude haben,
solln jeder einen Kackstuhl kriegen,
doch nur, wenn sie Macee, der Kleinen,   1210
aus Orléans, der Beuteldiebin,
ein hohes Strafgeld zubemessen;
sie ist ein ganz gemeines Aas.

CXXIII

Item laß ich Magister Franz, 1214
dem Staatsanwalt, de la Vacquerie,
ein »Halsstück« von der Schotten-Garde,
jedoch eins ohne goldnen Schmuck,
denn als man ihn zum Ritter »schlug«, 1218
flucht' er bei Gott und Sankt Georg
– und wer das hörte, lachte laut –,
als wär' er toll, aus vollem Hals.

CXXIV

Item vermach ich Jehan Laurens, 1222
der arme Augen hat, so rot,
durch seiner Eltern Sündenlast,
die Fässer, Kalebassen soffen,
das Innre meiner Reisetasche, 1226
um jeden Morgen sie zu wischen;
wär' er der Erzbischof von Bourges,
dann hätt' er Taft, der kostet viel!

CXXV

Item, blieb Maistre Jehan Cotart, 1230
dem Anwalt vor dem Kirchgericht,
ich etwa einen Heller schuldig
– denn jetzt erinnr' ich mich daran –,
als mich Denise laden ließ, 1234
weil ich sie schwer verleumdet hätt'.
Damit er in den Himmel kommt,
schrieb ich für ihn hier dies Gebet.

Ballade

O Vater Noah, der gepflanzt die Rebe,   1238
und Loth, auch du, der in der Höhle trank,
derart, daß Amor, der die Menschen täuscht,
dich sich zu deinen Töchtern legen ließ
– ich sag das nicht, um dir dies vorzuwerfen –,   1242
Architriklin, in dieser Kunst erfahren,
euch dreie bitt ich, meldet oben an
die Seele des verstorbenen Cotart.

Er ist vorzeiten eurem Stamm entsprossen,   1246
der stets vom Teuersten und Besten trank,
blieb ihm auch nur der Wert noch eines Kamms.
Gewiß, als Kämpe übertraf er alle,
den Humpen konnte man ihm nicht entreißen;   1250
ging's drum zu saufen, war er niemals faul.
Ihr edlen Herren, haltet sie nicht auf,
die Seele des verstorbenen Cotart.

Nach Art der Säufer, torkelnd, heftig schwankend,
hab ich ihn oft nach Hause gehen sehn,
und einmal gar schlug er sich eine Beule,
ich weiß es noch, weil er beim »Kippen« kippte.
Kurzum, man hätte niemand finden können,   1258
der stärker soff als er, von früh bis spät.
Drum laßt sie ein, wenn ihr sie schreien hört,
die Seele des verstorbenen Cotart.

Mein Fürst, er konnte nicht zu Boden spucken,   1262
schrie stets: »So helft mir, meine Kehle brennt!«
Drum konnte niemals ihren Durst sie löschen,
die Seele des verstorbenen Cotart.

CXXVI

Item soll mir der junge Marle 1266
hinfort die Wechselstube führen,
denn »wechseln« tu ich gar nicht gern,
vorausgesetzt, er »wechselt« stets
den Bürgern wie den Zugereisten 1270
für drei Ecus sechs Britenschilde,
für zwei Angloten einen »Engel«.
Freigebig solln Verliebte sein!

CXXVII

Ich lernte auch bei dieser Reise, 1274
daß die drei armen Waisenknaben
gewachsen sind und reifer werden,
sind keine solchen Schöpse mehr;
von hier bis Salins kennt kein Kind 1278
so gut wie sie die Schülerstreiche.
Gelt! Dank dem Mathurinerorden
ist diese Jugend nicht mehr dumm.

CXXVIII

Ich will, daß sie zur Schule gehn; 1282
wo? bei Magister Pierre »Richier«.
Der »Donat« ist zu schwer für sie,
darein will ich sie nicht verwickeln.
Solln lernen, was mir lieber ist, 1286
Ave salus, tiby decus
und müssen sich nicht weiter plagen:
Nicht immer siegt, wer Bildung hat.

CXXIX

Das solln sie lernen, und dann Schluß!   1290
Ich will nicht, daß sie weiterschreiten.
Das große »Credo« zu verstehen,
das ist zu schwer für diese Knaben.
Den großen Mantel teil ich längs,   1294
die Hälfte soll man dann verkaufen,
um ihnen »Pudding« zu besorgen;
ein wenig naschhaft ist die Jugend.

CXXX

Sie sollen rechten Anstand lernen,   1298
wie viele Schläge dies auch koste;
die Mützen in die Stirne drücken,
die Daumen an die Gürtel legen,
demütig gegen jedermann   1302
und sprechen: »Wie? Was? Es ist nichts!«
Die Leute sagen dann vielleicht:
»Seht, welche wohlerzognen Knaben.«

CXXXI

Item, den armen Pfäfflein mein,   1306
die einstmals meine Titel kriegten
– als ich gesehn, wie binsengrad
und schmuck sie sind, gab ich sie auf –,
vermachte ich auch »Zinseinnahmen«   1310
so gut, als wärn sie schon kassiert
und an bestimmtem Datum fällig,
aus Guillaume Gueldrys Wohnungsstätte.

CXXXII

Obwohl sie jung und munter sind,   1314
mißfällt mir das nicht im geringsten:
In dreißig oder vierzig Jahren
sind sie ganz anders, so Gott will!
Der handelt schlecht, der ungefällig;   1318
es sind sehr schöne, edle Knaben,
und wer sie schlägt, der ist ein Narr,
denn aus den Kindern werden Leute.

CXXXIII

Daß Plätze bei den Achtzehn sie   1322
bekommen, dafür will ich sorgen;
sie schlafen ja nicht wie die Rätze
drei Monde, ohne aufzuwachen.
Denn wahrlich, traurig ist der Schlaf,   1326
der in der Jugend wohlsein läßt,
doch zwingt, daß man am Ende wacht,
wenn man im Alter ruhen sollte.

CXXXIV

Ich schreibe drum dem Stiftsverwalter   1330
zwei Briefe, die sich völlig gleichen;
für ihren Gönner solln sie beten,
wo nicht, zieh' man sie an den Ohren!
Es wundern sich gewisse Leute,   1334
daß ich mich so um die zwei kümmre;
ich schwör bei Festen und Vigilien:
Ich kannte beider Mütter nie!

CXXXV

Item will ich Michault Cul d'Ou   1338
und Herrn Charlot Tarrenne vermachen
einhundert Sous – fragt man: »Woher?«,
soll sie's nicht kümmern, es ist Manna –
und eine lederne »Gamasche«   1342
mit Sohle und mit Oberleder,
wofern sie mir Jehanne grüßen
und eine andre, die ihr gleicht.

CXXXVI

Item, dem Herren von Grigny,   1346
dem einst Bicêtre ich vermachte,
laß ich den Turm noch von Billy,
wofern, gibt's Türen, Fenster drin,
die grade sind und die noch passen,   1350
er alles sehr gut repariert;
Geld mag er links und rechts beschaffen:
Ich brauche es und er hat keins.

CXXXVII

Item, dem Thibault de la Garde …   1354
Thibault? Ich lüge: er heißt Jehan,
was geb ich ihm und büß nichts ein?
– Hab dies Jahr schon genug verloren,
Gott mag es mir ersetzen, Amen! –   1358
das *Fäßchen*? Ja, bei meiner Seel',
doch Genevoys hat ältre Rechte
und eine schönre Säufernase.

CXXXVIII

Item vermach ich Basennier,   1362
Notar und Kriminalaktuar,
ein Körbchen voll mit Nelkenwürze,
sie stammt von Maistre Jehan de Rüeil;
geb es auch Mautaint und Rosnel.   1366
Dank diesem Nelkenwürzgeschenk
solln aufrecht und behend sie dienen
dem Herrn, der Sankt Christopher dient.

CXXXIX

Ihm will ich die Ballade geben   1370
für seine Herrin, tugendreich.
Wenn Amor so nicht alle lohnt,
soll mich das weiter nicht verwundern:
Er hat sie im Turnier errungen,   1374
das König René abgehalten,
wo er gut focht und wenig sprach
wie Hektor einst und Troilus.

Ballade

Am Morgen früh, wenn sich der Sperber regt,   1378
Mit voller Lust, aus edeler Gewöhnung,
Braundrossel schlägt, vor Freude sich bewegt,
Ruft den Gefährten, drängt sich ihm zur Seite:
Opfre ich Euch, dazu treibt mich Verlangen,   1382
In Fröhlichkeit, wie's der Verliebten Art;
So wisset alle, Amor hat's befohlen,
Es ist der Grund, daß wir beisammen sind.

Des Herzens Herrin seid Ihr unbestreitbar,   1386
Einzig und ganz, bis mich der Tod verzehrt,
Lind wie der Lorbeer, der mein Recht erkämpft,
Olivengleich, nehmt Ihr mir Bitternis.
Recht und Vernunft wolln, daß ich niemals säume
(Es stimmt mein Sinn mit ihr stets überein),
Euch treu zu dienen, muß stets dabei bleiben,
es ist der Grund, daß wir beisammen sind.

Und weiter noch, wenn Kummer mich bestürmt,
weil oft Fortuna so in Zorn gerät,
jagt ihre Arglist Euer Blick von dannen,
genauso wie der Wind den Rauch vertreibt.
Nie ist das Korn, das ich gesät, verloren   1398
auf Eurem Feld, da ja die Frucht mir gleicht;
Gott heißt mich, daß ich es bebau und dünge,
es ist der Grund, daß wir beisammen sind.

So hört nun, Fürstin, was ich Euch erkläre: 1402
Daß jemals sich mein Herz von Eurem trennte,
kann nicht geschehn; das hoff ich auch von Euch,
es ist der Grund, daß wir beisammen sind.

CXL

Item, für Herrn Jehan Perdriel   1406
nichts, noch für Franz, den jüngsten Bruder,
wiewohl sie mir stets helfen wollten,
als Partner ihre Güter teilen,
und obschon Franz, Gevatter mein,   1410
mir »heiße Zungen«, glühend rot,
halb eine Bitte, halb Befehl,
zu Bourges recht stark empfehlen wollte.

CXLI

Ich hab im Taillevant geschaut,   1414
und zwar im Frikassee-Kapitel,
von vorn bis hinten, kreuz und quer,
nur: nirgendwo spricht er davon.
Doch seid versichert, daß Macquaire,   1418
der Teufel brät mit Haut und Haar,
damit sie gut geröstet schmecken,
mir dies *Rezept* ohn' Umschweif' schreibt:

Ballade

In Realgar, in Staub von Arsenik,   1422
in Operment, Salpeter, frischem Kalk,
in flüssigem Blei, um gut sie aufzulösen,
in Ruß und Pech, in Lauge eingeweicht,
gemacht aus Kot und einer Jüdin Harn,   1426
in Wasser, das lepröse Beine wusch,
im Grind der Füße, alter Stiefellappen,
in Vipernblut und Drogen, giftig schwer,
im Gallensaft von Wölfen, Füchsen, Dachsen,   1430
solln alle bösen Lästerzungen schmoren!

Im Hirn der Katze, die das Wasser scheut,   1432
ganz schwarz und alt, daß ohne Zahn ihr Maul,
auch eines Köters, der genauso alt
und rasend ist, mit Geifer und mit Schleim,
im Schaum des Maultiers, das asthmatisch schnauft,
am ganzen Leib mit scharfer Scher' zerstochen,
im Wasser, worein ihre Schnauzen tauchen

die Ratten, Frösche, Kröten, schlimmen Tiere,
die Schlangen, Echsen, andre edle Vögel,   1440
solln alle bösen Lästerzungen schmoren!

In Sublimat, gefährlich zu berühren,   1442
im Anus einer Natter, die noch lebt,
im Blut, das eingetrocknet in den Becken
bei den Barbieren, wenn der Vollmond naht,
ein Teil ist schwarz, der andre grün wie Lauch,   1446
in Schanker und Geschwür, in schmutzigen Kübeln,
wo Ammen ihre blutigen Windeln spülen,
den kleinen Bidets unsrer Freudenmädchen
(wer's nicht versteht, kennt kein Bordell von innen),
solln alle bösen Lästerzungen schmoren!

Mein Fürst, so gießt nun diese Kostbarkeiten,   1452
wenn Ihr kein Seihtuch habt, nicht Sack noch Sieb,
durch einen Hosenboden, vollgeschissen,
jedoch zuvor in Kot und Schmutz vom Schwein
solln alle bösen Lästerzungen schmoren!

CXLII

Item schick ich Andry Courault   1457
das Gegenstück zum Franc Gontier;
und der Tyrann, der oben thront,
von ihm verlang ich wirklich nichts.
Der Weise will nicht, daß sich streite   1461
der Arme mit dem Mächtigen,
daß der nicht seine Netze spannt
und er dann in die Schlinge geht.

CXLIII

Fürcht Gontier nicht: hat keinen Knecht   1465
und ist nicht reicher als ich selbst;
doch streiten wir uns nun einmal,
weil er stets seine Armut lobt,
will arm sein winters wie auch sommers   1469
und hält all das für Glücklichsein,
was ich für Unglück halten muß.
Wer ist im Recht? Ich sag's euch gleich.

Ballade

Auf weichem Pfühl ein fetter Pfaffe sitzt   1473
am Kohlenbecken im verhängten Zimmer,
und neben ihm Frau Sidoine liegt,
ganz weiß und zart und glatt und schön geschmückt;
sie trinken Hypokras bei Tag und Nacht,   1477
sie lachen, spielen, herzen sich und kosen,
sind völlig nackt zu höherem Vergnügen –
so sah ich beide durch ein Zapfenloch
und wußte gleich, um Kummer abzumildern,   1481
's gibt nur ein Glück: ein angenehmes Leben.

Wenn Franc Gontier und Lenchen, sein Gespons,   1483
geweiht sich hätten diesem süßen Leben,
sie hätten kaum ihr Röstbrot eingerieben
mit Lauch und Zwiebeln, wegen Mundgeruch.
All ihre Dickmilch, ihren ganzen Eintopf,   1487
acht ich gering, ich sag dies ohne Arg.
Und prahlen sie, sie schliefen unter Rosen,

was ist denn besser? Doch ein Bett mit Stuhl?
Was meint ihr? Muß man da noch überlegen?   1491
's gibt nur ein Glück: ein angenehmes Leben.

Von Schwarzbrot leben sie, von Hafer, Gerste,   1493
sie trinken Wasser nur jahrein, jahraus.
Und was an Vögeln fleugt, von hier bis Kairo,
hielt mich um diesen Preis nicht einen Tag
bei ihnen dort zurück, nicht einen Morgen.   1497
Mag Franc Gontier, bei Gott, sich nun ergötzen
und Lenchen mit ihm unter Heckenrosen;
wenn's ihnen Spaß macht, mich berührt das kaum,
doch was das Leben auf dem Lande angeht,   1501
's gibt nur ein Glück: ein angenehmes Leben.

Nun urteilt, Fürst, daß wir uns schnell vertragen!
Was mich betrifft, wofern das niemand kränkt,
hab ich als kleines Kind schon sagen hören: 1505
's gibt nur ein Glück: ein angenehmes Leben.

CXLIV

Item, weil sie die Bibel kennt,   1507
erlaub ich Fräulein von Bruyeres,
daß draußen sie die Schrift auslegt,
ihr, wie auch ihren Schülerinnen;
sie solln die »Streunerinnen« bessern,   1511
die ein zu spitzes Mundwerk haben,
doch außerhalb der Gottesäcker,
dort, wo »um Garn« gehandelt wird.

Ballade

Hält man für tüchtige Schwadroneusen   1515
die Frauen aus Florenz, Venedig,
um jede Sache darzulegen,
ja selbst die alten Frauen noch,
auch die aus Rom, der Lombardei,   1519
aus Genua, ich bürg dafür,
aus Piemont und aus Savoyen:
· Kein Schnabel gleicht dem von Paris.

Die aus Neapel, sagt man, haben   1523
im schönen Reden Lehrstuhlreife,
und gute Quasselstrippen sind
die preußischen und deutschen Fraun.
Sei'n sie aus Griechenland, Ägypten,   1527
aus Ungarn oder anderswo,
aus Spanien und aus Kastilien:
Kein Schnabel gleicht dem von Paris.

Die aus der Schweiz, aus der Bretagne,   1531
Toulouse, Gascogne können nichts:
Vom Petit Pont zwei Heringsweiber,
die schlagen alle, und selbst die
aus Lothringen, Calais und England   1535
– ob ich genügend Orte nannte? –,
der Pikardie und Valenciennes:
Kein Schnabel gleicht dem von Paris.

Mein Fürst, gebt den Pariserinnen   1539
den ersten Preis im Süßholzraspeln;
rühmt man die Italienerinnen:
Kein Schnabel gleicht dem von Paris.

CXLV

Schau dir nur zwei, drei Weiber an,   1543
wie sie auf ihrem Rocksaum sitzen
dort in den Münstern und den Kirchen;
schleich näher, aber rühr dich nicht;
dann hörst du, daß Macrobius   1547
nie solche weisen Schlüsse zog.
Hör nur gut zu, lern was daraus:
Das alles sind sehr schöne Lehren.

CXLVI

Item, dem Klosterberg Montmartre,   1551
das ist ein altehrwürdiger Ort,
vermach und lasse ich den Hügel,
der Mont »Valerïen« geheißen,
und obendrein ein Vierteljahr   1555
vom Ablaß, den in Rom ich holte;
manch guter Christ eilt zur Abtei,
wo Männer sonst nicht zugelassen.

CXLVII

Item, die Diener und die Zofen   1559
aus guten Häusern – 's stört mich nicht! –
solln Torten, Auflauf, Brandteig backen
und mitternächtens tüchtig schmausen
– acht, sieben Pinten sind ein Klacks,   1563
derweil die Herrschaft liegt und schläft –,
sodann, doch ohne Lärm zu schlagen,
erinnr' ich an den »Eselsritt«.

CXLVIII

Item, den wohlehrbaren Mädchen,   1567
die Väter, Mütter, Tanten haben,
bei meiner Seele, laß ich nichts,
denn alles gab ich schon den Mägden,
und wärn mit wenig schon zufrieden . . . 1571
Gar manche »Brocken« wären recht
den armen, die ganz sicherlich
bei Jakobinern unnütz sind,

CXLIX

auch Zölestinern und Kartäusern;   1575
obgleich sie sehr bedürftig leben,
besitzen reichlich sie vereint,
woran die armen Mädchen darben,
was Jacqueline und Perrecte bezeugen, 1579
auch Ysabeau, die »Richtig!« ruft.
Da solchen Hunger sie erleiden,
würd' kaum verdammt, wer ihnen gibt.

CL

Item, der Dicken Margot soll,   1583
dem holden Antlitz und Gesicht
– bei jener Treu, *brulare bigot*,
die solchem frommen Kind ich schulde:
Ich lieb sie ja auf meine Weise   1587
und sie mich auch, das holde Kind –,
wenn jemand sie zufällig trifft,
er die Ballade hier verlesen.

Ballade

Lieb ich die Schöne, diene ihr von Herzen,   1591
müßt ihr mich drum für dumm, verkommen halten?
Sie ist geschickt, erfüllt gern jeden Wunsch,
aus Liebe zur ihr gürt ich Schild und Schwert.
Kommt Kundschaft, hol ich eilends einen Humpen,   1595
besorge Wein und mache keinen Lärm,
ich reiche Wasser, Käse, Brot und Obst.
Bezahlen sie, so ruf ich: »*Bene stat*,
kommt wieder her, sobald die Brunst euch plagt,   1599
in dies Bordell, in dem wir residieren.«

Doch manchmal gibt es Zank und Streiterei,   1601
kommt Margot ohne Geld nach Haus zum Schlafen;
ich mag sie dann nicht sehn, hab Haß im Herzen.
Ich pack ihr Kleid, den Gürtel und die Jacke
und schwöre ihr, das sollt' ihr Anteil sein.   1605
Sie stemmt sich in die Hüften, dieser Teufel,
und kreischt und flucht bei Jesu Christi Tod,
sie dulde's nicht. Dann nehm ich eine Scherbe
und schreibe auf die Nase ihr ein Zeichen,   1609
in dem Bordell, in dem wir residieren.

Wir schließen Frieden, sie läßt einen Furz,   1611
der stärker ist als alle giftigen Käfer,
knallt lachend mir die Faust auf meinen Kopf,
sagt »lieber Schatz« und klapst mich auf den Schinken;
und trunken schlafen wir, still wie ein Kreisel.   1615
Wacht sie dann auf, wenn ihr der Magen knurrt,
steigt sie auf mich, die Frucht nicht zu verderben:
Ich stöhne unter ihr, platt wie ein Brett,
ihr geiles Treiben macht mich ganz kaputt   1619
in dem Bordell, in dem wir residieren.

Vor Wind, Frost, Hagel sitze ich im Trocknen, 1621
Ich bin ein Lude, dem das Luder folgt.
Lumpenpack sind wir beide, wer ist besser?
Laßt uns! Der bösen Maus ziemt böse Katz.
Oft liegen wir im Kot, der zu uns paßt, 1625
Nicht steht uns Sinn nach Ehre, die uns flieht,
in dem Bordell, in dem wir residieren.

CLI

Item, Marïon l'Idolle und auch 1628
der großen Jehanne de Bretaigne
erlaub ich, daß sie »Schule halten«,
drin Schüler ihren Lehrer lehren.
Kein Platz, wo dies Geschäft nicht blüht, 1632
bis auf den Kerker der Stadt Meung;
ich sag dazu: »Kein Hausschild braucht's,
denn *der* Beruf ist weltbekannt!«

CLII

Item, Noel Jolis bekommt 1636
nur eine Handvoll Weidenruten,
in meinem Garten frisch gepflückt
– dann geb ich ihn dem Schicksal preis:
Weil Prügel milde Gaben sind, 1640
soll niemand sich darob betrüben – :
Zwo zwo null Schlag verschreibe ich
von Meister Henrys eigner Hand.

CLIII

Ich weiß nicht, was dem Stadtspital   1644
ich geben soll, den Armenhäusern.
Für Späße ist nicht Zeit noch Ort,
denn Arme leiden schon genug.
Ein jeder ihnen Reste schickt: 1648
Die Mönche kriegten »meine Gans«,
nun gut, sie solln die »Knochen« haben;
für kleine Leute »kleines Geld«.

CLIV

Item, ich laß Colin Galerne,   1652
ist mein Barbier und wohnt ganz nah
beim Kräuterhändler Angelot,
ein großes Eisstück – aus der Marne –,
daß leicht er übern Winter kommt.   1656
Er soll sich's auf den Magen legen:
Wenn er sich so im Winter pflegt,
ist's ihm im nächsten Sommer warm.

CLV

Item, den Findelkindern – nichts,   1660
doch die »verlornen« muß ich trösten;
man wird bestimmt sie »wiederfinden«
im Puff von Marïon l'Idolle.
Will eine Unterrichtslektion,   1664
die nicht lang dauert, ihnen lesen;
ihr Kopf sei nicht verstockt noch dumm,
sie solln sie hören, weil's die letzte:

CLVI

»Ihr lieben Kinder, ihr verliert   1668
aus eurem Kranz die schönste Rose;
ihr Schüler, ›haltfest‹ wie der Leim,
wenn ihr nach ›Montpipeau‹ verreist
und nach ›Rüel‹, schützt eure Haut; 1672
denn weil er sich dortselbst vergnügt’
und dacht’, es sei den Einsatz wert,
verlor sie Colin de Cayeulx.

CLVII

Das ist doch kein Dreipfennigsspiel, 1676
wo’s um den Leib, die Seele geht!
Wenn man verliert, nützt Reue nichts,
man stirbt dadurch in Schmach und Schand’.
Und wer gewinnt, hat nicht zum Weib 1680
Dido, Karthagos Königin.
Der Mann ist ehrlos, wirklich dumm,
der für so wenig so viel setzt.

CLVIII

Ein jeder hör’ noch einmal zu: 1684
Man sagt, und das ist wirklich wahr,
ein Fuder trinkt sich auch mal leer,
am Winterherd, im Sommerwald:
Und habt ihr Geld, ist es nicht frei, 1688
doch ihr gebt’s aus, so schnell ihr könnt,
und wer, schaut hin, bekommt es dann?
Unrechtes Gut kann nie gedeihn.

Ballade

Denn seist du nun ein Ablaßkrämer,   1692
ein Kartenzinker, Würfelfälscher
und wirst verbrannt als Stempelschneider,
wie jene, die in Öl gesotten,
brichst Eide, bist der Treue bar,   1696
seist Räuber, Dieb und Plünderer,
was glaubt ihr, wo die Beute bleibt?
In Kneipen und im Freudenhaus.

Mach Reime, spotte, zimbel, flöte   1700
wie Possenspieler, ohne Ehr';
reiß Späße, zaubre und verschwinde;
führ auf in Dörfern und Gemeinden
Moralitäten, Farcen, Spiele;   1704
gewinn beim Treschak, Hasard, Kegeln –
doch alles landet, hört gut zu,
in Kneipen und im Freudenhaus.

Von solchem Schmutz bleib lieber fern,   1708
pflüg deine Felder, mäh die Wiesen,
dein Pferd versorg, dein Maultier putz,
wenn du ganz ohne Bildung bist;
dann ist's genug, bist du zufrieden;   1712
doch wenn du Hanf brichst und ihn schwingst,
dann gibst den Lohn du nicht mehr aus
in Kneipen und im Freudenhaus.

Die Hosen und das Wams mit Schnüren,   1716
die Röcke und auch jedes Kleid
versetzt ihr, eh ihr Schlimmres tut,
in Kneipen und im Freudenhaus.

CLIX

He, meine Freunde im Vergnügen   1720
– 's ist Seelennot, doch Leibeslust –:
vor jenem Brande hütet euch,
der, sind sie tot, die Menschen schwärzt;
weicht aus, das ist ein böser Biß.   1724
Geht dran vorbei, so gut ihr könnt,
und, wolle Gott, denkt auch daran:
Einst kommt der Tag, da ist's soweit.«

CLX

Item, den Quinze-Vingts, den Blinden   1728
– man könnt' sie auch Dreihundert nennen –,
hier in Paris, nicht in Provins,
denn ihnen fühl ich mich verbunden,
laß ich, es ist mein fester Wille,   1732
die große Brille ohne Hülle,
damit sie bei den Innocents
die Guten von den Schlechten trennen.

CLXI

Hier gibt es weder Scherz noch Spiel!   1736
Was half es ihnen, reich zu sein,
in Lotterbetten sich zu suhlen,
zu saufen, sich den Wanst zu mästen,
zu feiern, Fest und Tanz zu pflegen   1740
dazu bereit zu jeder Stund?
Denn alle diese Wonnen enden –
was bleibt, ist nur das Schuldgefühl.

CLXII

Denn schau ich mir die Schädel an,   1744
die hier im Beinhaus aufgehäuft,
so waren alle Bittschriftprüfer,
zumindest bei der Rechnungskammer;
vielleicht warn sie nur Botenjungen,   1748
was ich auch sage, bleibt sich gleich:
Ob Bischof, ob Laternenträger –
ich mache keinen Unterschied.

CLXIII

Die Schädel, die sich einst verneigten   1752
im Leben einer vor dem andren,
von denen manche Herren waren,
bedient, gefürchtet, über andre,
seh ich dort alle stillgestellt   1756
auf einem Haufen, buntgemischt;
die Herrschaft riß man ihnen fort,
Herr, Diener heißt nun keiner mehr.

CLXIV

Nun sind sie tot, Gott hab sie selig!   1760
Und ihre Leiber sind verfault,
ob Herren sie, ob Damen waren,
mit Speisen fein und zart genährt
wie Sahne, Griesbrei oder Reis;   1764
zu Staub zerfallen jetzt die Knochen,
kein Lachen kümmert sie, kein Scherz.
Ach, Jesus süß, erlöse sie!

CLXV

Den Toten laß ich als Legat,   1768
und Richter sind mit eingeschlossen
an Kammern, Höfen und Palästen,
die schnöden Geiz erbittert hassen
und für das öffentliche Wohl   1772
die Knochen und den Leib ausdörren:
Gott und der Heilige Dominik
solln sie nach ihrem Tod erlösen!

CLXVI

Item, nichts für Jacquet Cardon,   1776
denn ich hab nichts, das für ihn paßt
– doch laß ich ihn nicht leer ausgehn –,
als dieses kleine Hirtenlied;
säng' man es wie *Marïonnecte*,   1780
verfaßt für Marion la Peautarde,
und wie *Mach auf mir, Guillemete*,
wär' es sogleich in aller Mund.

Hirtenlied

Ich kehr zurück aus harter Haft,   1784
in der ich fast mein Leben ließ,
und wenn Fortuna mir noch grollt,
so urteilt, ob sie sich nicht irrt.

Mir scheint, es wäre nur gerecht,   1788
daß sie sich bald zufrieden gäb',
ich kehr zurück (aus harter Haft,
in der ich fast mein Leben ließ).

Und ist sie gar so ungerecht   1792
und will, daß ich verscheiden muß,
mag Gott die Seele, die verzückt,
versetzen in sein hohes Haus!

Ich kehr zurück (aus harter Haft,
in der ich fast mein Leben ließ,
und wenn Fortuna mir noch grollt,
so urteilt, ob sie sich nicht irrt).

CLXVII

Item vermach ich Pierre Lomer,   1796
ich stamme ja von Feen ab,
daß er geliebt wird – doch die Wahl
der jungen Mädchen und Matronen
soll ihm nicht das Gemüt erhitzen,   1800
auch koste es ihn keinen Deut,
pro Abend hundertmal zu vögeln,
Ogier, dem Dänen, zum Verdruß.

CLXVIII

Item, den Liebeskranken laß   1804
ich zum »Legat« Alain Chartiers
noch vollgefüllt, am Kopf des Betts,
mit Zähren ein Weihwasserbecken
und einen Heckenrosenzweig,   1808
der immer grünt, als Wasserwedel,
wofern sie einen Psalter beten
für Françoys Villons arme Seele.

CLXIX

Item vermach ich Jacques James,   1812
der sich schwer schindet, Geld zu raffen,
daß er mit Frauen sich verlobt
soviel er will, doch Heirat – nein!
Er rafft für wen? Nur für die Seinen;   1816
doch spart er bei den eignen »Bissen«;
und was den »Säuen« zustand, nun,
steht Rechtens allen »Schweinen« zu.

CLXX

Der Seneschall, das Plattgesicht,   1820
der meine Schulden einst beglich,
soll zur Belohnung »Marschall« werden,
um Gans und Ente zu »beschlagen«;
ihm schick ich diese Späße hier   1824
zur Unterhaltung, doch er mag,
so's paßt, draus Fidibusse machen;
auch schönes Singen langweilt bald.

CLXXI

Item, ich laß dem Wachhauptmann   1828
zwei allerliebste kleine Pagen,
den Philibert und Dick-Marcquet,
die, und das hat sie klug gemacht,
die meiste Zeit des Lebens dienten   1832
dem Profos bei den Feldgendarmen.
Oh weh! Wenn man sie amtsenthebt,
dann müssen sie ganz barfuß gehn.

CLXXII

Item vermach ich Chappellain   1836
die »Kaplanie« für niedre Weihen,
die trockne Messen nur erheischt,
auch keine große Lesekunst.
Auch die Pfarrei hätt' er gekriegt,   1840
doch will er Seelen nicht betreun;
zur Beichte, sagt er, nimmt er nur
die Kammerzofen und die Damen.

CLXXIII

Jehan de Calaiz, der Ehrenmann,   1844
der alle meine Pläne kennt,
mich dreißig Jahre nicht mehr sah
und meinen Namen auch nicht weiß,
darf dieses ganze Testament,   1848
wenn's Widerspruch dagegen gibt,
bis auf den allerkleinsten Rest
verändern oder annullieren.

CLXXIV

Wie er's glossiert und kommentiert,   1852
erklärt, Erläuterungen gibt,
ob er was streicht, rektifiziert,
was löscht, und wär's mit eigner Hand,
selbst, wenn er gar nicht schreiben kann,   1856
interpretiert und Sinn beilegt,
wie's ihm gefällt, ob gut, ob schlecht:
ich stimme diesem allem zu!

CLXXV

Wenn jemand, und ich wüßt' es nicht,   1860
gegangen wär' vom Tod zum Leben,
so will ich und ermächtige ihn,
daß alles seine Ordnung hat
und gut zu Ende wird geführt,   1864
dies Erbe anderen zu geben;
behielt' er es aus Gier für sich,
so halt ich mich an seine Seele.

CLXXVI

Item, ich will in Sainte Avoie   1868
und nirgends sonst begraben sein;
damit man mich leibhaftig sieht,
nicht fleischlich, sondern nur im Bild,
soll man mein Abbild dort umreißen   1872
in Schwarz, wenn's nicht zu teuer ist;
ein Grabmal? Nein, da pfeif ich drauf,
den Boden würde es verderben.

CLXXVII

Item soll rings um meine Grube   1876
das, was hier folgt, und sonst nichts mehr,
geschrieben werden, groß und klar
– und ist ein Schreibzeug nicht zur Hand,
so nehm' man Kohle, schwarzen Stein,   1880
doch ritz' man nicht den Mörtel ein;
dann bleibe ich in aller Mund
als Bruder Lustig und als Narr:

CLXXVIII

»In diesem Söller liegt und ruht,   1884
den Amors Bolzenschuß gefällt,
ein armer, schäbiger Scholar,
er ward Françoys Villon genannt.
Nicht eine Rute Land war sein,   1888
auch schenkt' er alles, wie man weiß,
den Tisch, die Böcke, Brot und Korb.
Bei Gott, so sprecht denn diesen Vers:

Versikel

Schenk ewige Ruhe ihm, o Herr,   1892
und laß dein ewiges Licht ihm leuchten,
der nichts besaß, nicht einen Napf,
nicht einen Petersilienzweig.

Man schor ihm Haupt und Bart und Braue,
wie eine Rübe, die man schabt,
schenk ewige Ruhe ihm, o Herr,
und laß dein ewiges Licht ihm leuchten.

Ins Elend trieb ihn harte Not,   1900
schlug ihm die Schaufel um den Arsch,
obwohl er schrie: ›Berufung, ach!‹
Das ist fürwahr kein feines Ende.

Schenk ewige Ruhe ihm, o Herr,
und laß dein ewiges Licht ihm leuchten,
der nichts besaß, nicht einen Napf,
nicht einen Petersilienzweig.«

CLXXIX

Item, man soll im Sturme läuten   1904
die große Glocke, spröd wie Glas,
wiewohl ein jedes Herz erbebt,
wenn sie sich anschickt zu erschallen.
Manch schönes Lehn hat sie gerettet,   1908
wie jeder weiß, in alter Zeit:
Ob Kriegsvolk oder Ungewitter,
bei ihrem Klang wich alles Leid.

CLXXX

Die Glöckner solln vier Laibe haben,   1912
ein halbes Dutzend, wenn's nicht reicht
– das geben selbst die Reichsten nicht –,
doch Brot vom Heiligen Stephanus.
Volant, der weiß wohl zuzupacken: 1916
Er sei der eine; recht besehn
lebt eine Woche er davon.
Der zweite? Nun, Jehan de la Garde.

CLXXXI

Um all dies klüglich auszuführen,   1920
ernenn ich Testamentsvollstrecker,
sind angenehme Handelspartner,
die Schuldner gut zufriedenstellen,
auch sind sie keine lauten Prahler,   1924
dazu vermögend, Gott sei Dank!
Sie nehmen sich der Sache an.
So schreib: Ich nenn dir ihrer sechs.

CLXXXII

Magister Mertin Bellefoye,　　　　　　1928
Leutnant am Kriminalgericht.
Der nächste? Ich hab's schon bedacht,
das soll sein Sire Colombel;
wenn's ihm beliebt und wenn's ihm recht,　1932
so übernimmt er dieses Amt.
Und weiter? Michiel Juvenel.
Nur diese drei betraue ich.

CLXXXIII

Doch falls sie sich entschuldigten,　　　1936
weil sie Vorabgebühren scheun,
sich gänzlich gar verweigerten,
setz ich die Nächstgenannten ein,
sehr ordentliche Ehrenmänner:　　　　　1940
Phelippe Bruneau, den edlen Knappen,
und weiter? Aus der Nachbarschaft
Magister Jacques Raiguier.

CLXXXIV

Als dritten Maistre Jacques James:　　　1944
drei zuverlässige Ehrenmänner,
die ihre Seelen retten wolln,
auch ziert sie wahre Gottesfurcht.
Sie setzen eher Eignes zu,　　　　　　1948
als meinen Willn nicht zu vollstrecken.
Sie brauchen keinen Kontrolleur,
solln selbst entscheiden, wie es paßt.

CLXXXV

Der sogenannte Erbstreitschlichter 1952
erfährt von mir nicht *quid* noch *quod*;
es wird ein junger Priester sein,
sein Name ist Thomas Tricquot.
Auf seine Kosten tränk' ich gern, 1956
und wär's um meines Hutbands Preis!
Verstünd' er sich aufs Tennisspiel,
so ließ' ich ihm *Perrectes Loch.*

CLXXXVI

Was nun den Kerzenschmuck betrifft, 1960
Guillaume du Ru soll ihn besorgen;
wer meines Bahrtuchs Ecken trägt,
das überlaß ich den Vollstreckern.
Mehr schmerzen mich als je zuvor 1964
der Bart, das Haar, die Scham, die Brauen.
Die Krankheit drängt, ich muß sogleich
bei allen um Verzeihung flehn.

Ballade

Kartäuser wie auch Zölestiner, 1968
die Bettelmönche, frommen Schwestern,
die Gaffer und die Absatzklapprer,
die Diener und die leichten Mädchen
mit prallen Miedern, engen Röcken, 1972
die Gecken, die vor Liebe sterben
und schmerzlos gelbe Stiefel tragen:
Sie alle bitt ich um Pardon.

Die Mädchen, die die Brüste zeigen,   1976
damit sie viele Kunden kriegen,
die Diebe und die Streit anfangen,
die Gaukler, die mit Affen ziehn,
die Narren und die Possenreißer,   1980
die gehen und zu sechst dann pfeifen
mit Blasen und mit Narrenzeptern:
Sie alle bitt ich um Pardon.

Doch nicht die Hunde, die Verräter,   1984
die mir nur harte Krusten gaben
zu kauen oft bei Nacht und Tag,
und die ich keinen Dreck mehr fürchte.
Ich würde furzen für sie, rülpsen,   1988
doch kann ich's nicht, ich sitze ja.
Doch Schluß, damit ich Streit vermeide:
Sie alle bitt ich um Pardon.

Die fünfzehn Rippen brech' man ihnen   1992
mit Vorschlaghämmern, stark und breit,
mit Bleischnürn oder solchen Kugeln:
Sie alle bitt ich um Pardon.

Ballade

Hier schließet nun das Testament   1996
des armen Villon, ist am End.
Kommt her zu seinem Leichenzug,
wenn ihr des Rufers Schelle hört
und kleidet euch zinnoberrot,   2000
denn er starb Amors Martertod:
Er schwor's bei seinem Zeugungsglied,
als er die Welt verlassen wollte.

Ich glaube wohl, daß er nicht lügt;   2004
denn die Geliebte warf ihn raus
voll Haß wie einen Küchenjungen,
so daß von hier bis Roussillon
es keinen Busch, kein Strauchwerk gibt,   2008
die nicht, das sagt er ungelogen,
ein Rockstück von ihm mitbekommen,
als er die Welt verlassen wollte.

So hat sich's wirklich abgespielt: 2012
Er starb, ein Fetzen ihm nur blieb;
und schlimmer, übel hat im Tod
ihn Amors Stachel noch gequält;
viel spitzer als ein Schnallendorn   2016
hat er sich ihm ins Fleisch gebohrt
(was uns doch sehr verwundern muß),
als er die Welt verlassen wollte.

Fürst, wie der kleine Merlin flink,   2020
hört, was beim Abschied er getan:
Vom »Dunklen« nahm er einen Schluck,
als er die Welt verlassen wollte.

Anhang

Bauplan des Großen Testaments

Der Erblasser (1. Teil)

Zeitpunkt des Testierens   (I–XI)

Erster Ansatz zum »Testament«; erste Kritik an Bischof Thibault
  d'Aucigny   (I–VI)
Dank an und Lob für König Ludwig XI.   (VII–IX)
Zweiter Ansatz zum »Testament«   (X–XI)

Innerer Zustand Villons im Augenblick des Testierens;
Rückblicke   (XII–LXXI)

Der Sünder   (XII–XVI)
  »Diomedes und Alexander«   (XVI–XXI)
Jugend und Alter   (XXII–XXIX)
Arm und Reich   (XXX–XXXVI)
Tod und Vergänglichkeit   (XXXVII–XLVI)
  »Ballade des dames du temps jadis« (»Ballade von den Damen
    vergangener Zeiten«)   (329–356)
  »Ballade des seigneurs du temps jadis« (»Ballade von den Herren
    vergangener Zeiten«)   (357–384)
  »Ballade en vieil langage françois« (»Ballade in altertümlichem
    Französisch«)   (385–412)
Klagen der Schönen Helmschmiedin   (XLVII–LVI)
  »Ballade ›La belle Heaulmiere aux filles de joie‹« (»Ballade der
    ›Schönen Helmschmiedin an die Freudenmädchen‹«) (533–560)
Dritter Ansatz zum »Testament«   (LVII)
Die Gefahren der Liebe
  »Double Ballade sur le mesme propos« (»Doppelballade über
    denselben Gegenstand«)   (625–672)
Persönliche Liebeserfahrung   (LXV–LXXI)

Endgültiger Beginn des »Testaments«   (LXXII–LXXXIV)

Todesahnung   (LXXII)
Zweite Anklage gegen Thibault d'Aucigny   (LXXIII–LXXIV)

Erinnerung an das »Lais«   (LXXV–LXXVII)
Abfassung des »Testaments«   (LXXVIII–LXXIX)
Präambel und theologische Abschweifungen über die Gleichheit vor
   dem Tod   (LXXX–LXXXIV)

Die Legate

Gott und die Angehörigen   (LXXXV–XCIV)

la glorïeuse Trinité (die Dreifaltigkeit)   (LXXXV)
nostre grant mere la terre (die große Mutter Erde)   (LXXXVI)
maistre Guillaume de Villon, mon plus que pere (Ziehvater)
   (LXXXVII–LXXXVIII)
ma povre mere (Mutter)   (LXXXIX)
   »Ballade pour prier Notre Dame« (»Ballade, um zur Gottesmutter
   zu beten«)   (873–909)
ma chiere rose (die Geliebte, »Rose«)   (XC–XCIII)
   »Ballade a s'amye« (»Ballade an seine Freundin«)   (942–969)
Ythier Merchant (Rivale?)   (XCIV)
   »Lay« (»Lied«)   (978–989)

Kreditgeber   (XCV–CIII)

maistre Jehan Cornu (Steuereinnehmer; noch Rivale?) (XCV–XCVI)
maistre Piere Saint Amant; sa femme (Hausbesitzer, königlicher
   Schatzbeamter; seine Frau)   (XCVII)
sire Denis Hyncelin, esleu de Paris (Friedensrichter; Vorsteher der
   Kaufmannschaft)   (XCVIII)
maistre Guillaume Charüau, mon advocat   (IC)
Fournier, mon procureur (Rechtsbeistand)   (C)
maistre Jacques Raguier (Oberküchenmeister)   (CI)
Merebuef; Nicolas de Louviers (Tuchhändler)   (CII)
Robert Turgis (Tavernenbesitzer)   (CIII–CIV)

Polizisten   (CV–CXV)

Jehan Raguier, sergent des Douze (Berittener der Leibwache des
   Prévôt de Paris)   (CV)

Prince des Sotz (Prinz der Narrenzunft), erhält Michault du Four (Polizeibüttel) (CVI)

Unze Vings sergens (Fußsoldaten) erhalten Denis Richier und Jehan Valecte (Polizisten) (CVII)

Perrenet, le bastart de la Barre (Polizeibüttel) (CVIII)

Chollet (Polizist und Wachsoldat) (CIX)

Jehan le Lou, homme de bien et bon merchant (Polizeispitzel und Gesundheitspolizist) (CX)

Jehan Mahé, genannt l'Orfevre de Boys (Goldschmied und Polizist?) (CXI)

Jehan Riou, cappitaine des archiers (Hauptmann der Bogenschützen) (CXII–CXIII)

Robinet Trouscaille (Polizist?) (CXIV)

Perrot Girard, barbier juré du Bourg la Royne (Zunftbarbier?) (CXV)

Ordensleute; kirchliche Gerichtsbarkeit (CXVI–CXXV)

Freres mendïans (Bettelmönche); Devotes, Beguines (religiöse Frauengemeinschaften) (CXVI–CXIX)

frere Baude (de la Mare), demourant en l'ostel des Carmes (Karmelitermönch) (CXX)

le seelleur de l'Eveschié (Siegelbewahrer beim Bischofsgericht) (CXXI)

la petite Macee d'Orleans (Maître Macé, Richter) (CXXII)

Françoys de la Vacquerie, promocteur (Ankläger) (CXXIII)

maistre Jehan Laurens (Ankläger) (CXXIV)

Jehan Cotart, procureur en court d'Eglise (Rechtsbeistand am kirchlichen Gerichtshof) (CXXV)

»Ballade et oroison« (»Ballade und Gebet für Jean Cotard«) (1238–65)

Wucherer und Reiche (CXXVI–CXXXVII)

le jeune (Germain) Marle (Geldwechsler) (CXXVI)

mes troys povres orphelins (drei »Waisen«: Colin Laurens, Girard Gossouyn, Jean Marceau) (CXXVII–CXXX)

mes povres clergons (arme »Studenten«: Guillaume Cotin, Thibaut de Victry; Parlamentsräte und wohlhabende Kanoniker) (CXXXI–CXXXIV)

Michault Cul d'Ou; sire Charlot Tarrenne (reiche Bürger von Paris) (CXXXV)
seigneur de Grigny (Philippe de Brunel, Grundherr) (CXXXVI)
Jehan (= Thibault) de la Garde (Großkaufmann) (CXXXVII)

Juristen am Châtelet und Verwaltungsbeamte
(CXXXVIII–CXLIII)

Basennier, noctaire et greffier criminel; Mautaint; Rosnel (Notare und Untersuchungsrichter) (CXXXVIII)
le seigneur qui sert saint Christofle (Robert d'Estouteville, Prévôt de Paris) (CXL)
»Ballade pour Robert d'Estouteville« (»Ballade für Robert d'Estouteville«) (1378–1405)
Jehan Perdriel; Françoys son second frere (Verwaltungsbeamte in verschiedenen Funktionen) (CXL–CXLI)
»Ballade des langues ennuyeuses« (»Ballade von den Lästerzungen«) (1422–56)
Andry Courault (Rechtsbeistand) (CXLII–CXLIII)
Ballade »Les Contrediz Franc Gontier« (»Widerlegung von Franc Gontier«) (1473–1506)

Gesellschaftliche Randexistenzen und Ausgestoßene
(CXLIV–CLXIX)

Madamoiselle de Bruyeres (Catherine de Béthisy, eine bigotte Frau) (CXLIV)
»Ballade des femmes de Paris« (»Ballade von den Frauen von Paris«) (1515–42)
mont de Montmertre (dekadentes Frauenkloster) (CXLVI)
varletz et chamberieres (Diener und Zofen) (CXLVII)
filles de bien (die ehrbaren Mädchen) (CXLVIII–CXLIX)
la Grosse Margot (Prostituierte) (CL)
»Ballade de la Grosse Margot« (»Ballade von der dicken Margot«) (1591–1627)
Marïon l'Idolle; la grant Jehanne de Bretaigne (Prostituierte) (CLI)
Noel Jolis (Zuhälter?) (CLII)
l'Ostel Dieu; povres hospitaulx (Spitäler) (CLIII)
Colin Galerne, mon barbier (Barbier und Bader) (CLIV)
Enffans trouvés et perduz (Findelkinder) (CLV–CLIX)

»Ballade de bonne doctrine« (»Ballade von der rechten Lebens-
    weise«) (1692–1719)
.XV. Vings de Paris (die 300 Blinden von Paris) (CLX)
testes entassees en ces charniers (die Totenschädel der Toten im
    Beinhaus) (CLXI–CLXIV)

Legate an Personen, die vorher vergessen wurden (?)
(CLXVI–CLXXIII)

Jacquet Cardon (reicher Tuch- und Strumpfhändler) (CLXVI)
    »Bergeronnecte« (»Schäferlied«) (1784–95)
maistre Lomer (Kanoniker von Notre-Dame) (CLXVII)
amans enfermes (die Liebeskranken) (CLXVIII)
maistre Jacques James (Dampfstubenbesitzer, Bordellwirt)
(CLXIX)
le camus seneschal (Pariser Bürger oder hoher Hofbeamter)
(CLXX)
le chevallier du guet (Anführer der Pariser Nachtwache) (CLXXI)
Chappelain (Aufsichtsbeamter am Châtelet) (CLXXII)

Der Erblasser (2. Teil)

Die Beisetzung (CLXXIII–CLXXXVI)

Vollmacht für Jehan de Calaiz, honnorable homme (Notar am
    Châtelet und Testamentsprüfer) (CLXXIII–CLXXV)
Beisetzungswünsche; Anweisungen für das Grab und die Grab-
    inschrift (CLXXVI–CLXXVII)
Epitaph (CLXXVIII)
»Verset« (»Versikel«) (1892–1903)
Die Glöckner (Volant; Jehan de la Garde) (CLXXIX–CLXXX)
Die Testamentsvollstrecker (Mertin Bellefoye; sire Colombel;
    Michiel Juvenel; Phelippe Bruneau; Jacques Raiguier; Jacques
    James) (CLXXXI–CLXXXIV)
Des testamens le Maistre, Thomas Tricquot (Testamentsrevisor)
(CLXXXV)
luminaire, Kerzenschmuck (Guillaume du Ru) (CLXXXVI)
    »Ballade de mercy« (»Ballade des Erbarmens«) (1968–95)
    »Ballade de conclusion« (»Abschließende Worte des Leichen-
    bitters«) (1996–2023)

Literaturhinweise

Französische Villon-Ausgaben

Die Werke Maistre François Villons. Mit Einl. und Anm. hrsg. von Wolfgang von Wurzbach. Erlangen: Junge, 1903.

Œuvres. Ed. par Auguste Longnon. 4e éd. rev. par Lucien Foulet. Paris: Champion, 1932 [u. ö.].

Œuvres. Etablissement du texte, gloses et notices sur tous les personnages cités et sur tous les particularités du temps par André Mary. Nouv. éd. Préf., esquisse biographique et bibliographique par Jean Dufournet. Paris: Garnier, ²1970.

Œuvres. Ed. crit. avec notices et glossaire par Louis Thuasne. 3 Bde. Paris: Picard, 1923. Neudr. Genf: Slatkine Reprints, 1967.

Poésies complètes. Ed. prés., ét. et ann. par Pierre Michel. Paris: Livre de Poche, 1972.

Œuvres. Trad. en français moderne, acc. de notes explicatives par André Lanly. 2 Bde. Paris: Champion, ³1978.

Le Lais Villon et les Poèmes variés. Ed. par Jean Rychner et Albert Henry. Bd. 1: Texte. Bd. 2: Commentaire. Genf: Droz, 1977.

Le Testament Villon. Edité par Jean Rychner et Albert Henry. Bd. 1: Texte. Bd. 2: Commentaire. Genf: Droz, 1974.

Deutsche Übersetzungen

François Villon. Des Meisters Werke. Ins Deutsche übertr. von K. L. Ammer [d. i. Karl Klammer]. Leipzig: Zeitler, 1907 [u. ö.].

François Villon. Umdichtung von Jan Jacob Haringer. Crimitschau: Stoss, 1928. [42 Strophen des Großen Testaments.]

Joseph Chapiro: Der Arme Villon. Mit 38 Bildbeigaben. Berlin/ Wien/Leipzig: Zsolnay, 1931. [Das Kleine und das Große Testament.]

Die Balladen und lasterhaften Lieder des Herrn François Villon in deutscher Nachdichtung von Paul Zech. Weimar: Lichtenstein, 1931 [u. ö.]. München: Deutscher Taschenbuch-Verlag, ¹⁸1985.

François Villon: Dichtungen. Frz./Dt. Übertr. und mit Einl. und Anm. vers. von Martin Löpelmann. München: Callwey, 1937 [u. ö.]. Stuttgart: Klett, ⁴1951.

François Villon: Das große Testament. Deutsche Übertr. von Wolf-
gang Benndorf. Wien: Sussmann, 1937. Wien/Zürich: Amandus-
Druckerei, 1949.
François Villon: Balladen. Nachdichtung von Ernst Stimmel. Mit
Federzeichnungen von A. Paul Weber. Hamburg: Hauswedell,
1939. ²1946.
François Villon: Das große Testament. Frz./Dt. Übertr. von Walter
Widmer. Stuttgart: Hatje / Wien: Verkauf / St. Gallen: Zollikofer,
1949 [u. ö.]. München: Deutscher Taschenbuch-Verlag, 1980.
François Villon: Sämtliche Dichtungen. Frz., mit deutscher Übertr.
von Walther Küchler. Heidelberg: Lambert Schneider, 1956.
Neuausg. bearb. von Marie Luise Bulst. Einf. von Hans Rhein-
felder. Mit 17 Abb. und Faks. Ebd. 1982.
François Villon: Dichtungen. (Die Legate. Das Testament. Ver-
mischte Gedichte.) Mit 3 Holzschnitten aus der Erstausg. Ungek.
Originalausg. Übers. von Carl Fischer. München: Goldmann,
1963.
Die Lebensbeichte des François Villon. Frz./Dt. Übertr. von Mar-
tin Remané. Mit einem Vorw. von Horst Lothar Teweleit.
Berlin [Ost]: Rütten & Loening, 1964. ⁴1978. München: Heyne,
1985.
François Villon: Baladn. In Wiener Mundart. Übertr. von Hans
Carl Artmann. Frankfurt a. M.: Insel-Verlag, 1968.
François Villon: Balladen & Leeder. Niederdeutsch von Friedrich
Hans Schaefer. Leer: Schuster, 1977.
François Villon: Das große Testament. Übertr. von Ernst Stan-
kovski. Mit Vertonungen von 14 Balladen für Gitarre und 17
Holzschnitten aus einem mittelalterlichen Totentanz. München/
Wien: Langen-Müller, 1981.

Wichtige weiterführende Literatur

Pierre Champion: François Villon. Sa vie et son temps. 2 Bde. Paris:
Champion, 1933.
André Burger: Lexique de la langue de Villon précédé de notes
critiques pour l'établissement du texte. Genf: Droz / Paris: Mé-
nard, 1957.
Italo Siciliano: François Villon et les thèmes poétiques du Moyen
Age. Paris: Nizet, 1967.

Pierre Guiraud: Le jargon de Villon ou le Gai Savoir de la Coquille. Paris: Gallimard, 1968.

Pierre Demarolle: L'Esprit de Villon. Etude du style. Paris: Nizet, 1968.

Pierre Guiraud: Le Testament de Villon ou le gai savoir de la Basoche. Paris: Gallimard, 1970.

Jean Dufournet: Recherches sur le Testament de François Villon. 3 Lfgn. Paris: Centre de documentation universitaire, 1967–68. – 2ᵉ éd. rev. et augm. 2 Bde. Paris: Société d'édition d'enseignement supérieur, 1971–73.

Italo Siciliano: Mésaventures posthumes de Maître François Villon. Paris: Picard, 1973.

Pierre Demarolle: Villon. Un testament ambigu. Paris: Larousse, 1973.

Evelyn Birge Vitz: The Crossroad of Intentions: A Study of Symbolic Expression in the Poetry of François Villon. Den Haag / Paris: Mouton, 1974.

A. J. A. van Zoest: Structures de deux testaments fictionnels – Le »Lais« et le »Testament« de François Villon. Den Haag / Paris: Mouton, 1974.

Vladimir R. Rossman: François Villon. Les concepts mediévaux du testament. Paris: Delarge, 1976.

Odette Petit-Morphy: François Villon et la scolastique. 2 Bde. Paris: Champion, 1977.

Peter Brockmeier: François Villon. Stuttgart: Metzler, 1977. (Sammlung Metzler. 161.)

Gert Pinkernell: François Villons »Lais«. Versuch einer Gesamtdeutung. Heidelberg: Winter, 1979. (Studia Romanica. 34.)

Jean Favier: François Villon. Paris: Fayard, 1982.

Dieter Ingenschay: Alltagswelt und Selbsterfahrung. Ballade und Testament bei Deschamps und Villon. München: Fink, 1986.

Frank-Rutger Hausmann: Die Villon-Übersetzungen in deutscher Sprache – Fünf Thesen zum Übersetzen mittelalterlicher Lyrik. In: Litterae medii aevi. Festschrift für Johanne Autenrieth zu ihrem 65. Geburtstag. Hrsg. von Michael Borgolte und Herrad Spilling. Sigmaringen: Thorbecke, 1988. S. 363–392.

Das Kleine und das Große Testament von François Villon

Der Autor

François Villon erlebte das Zeitalter des Buchdrucks nicht mehr, doch bemächtigte sich die Schwarze Kunst bereits gegen Ende des 15. Jahrhunderts seiner Dichtungen, die von 1489 bis zur Jahrhundertwende insgesamt zehnmal gedruckt wurden. Auch im 16. Jahrhundert zeugen 25 Ausgaben von seinem Ruhm, den besonders die Ausgabe bei Galiot du Pré (1533) in Paris mehrte, welche Clément Marot (1496–1544), Dichter und »valet de chambre du roy«, betreute. Marot bedauert zwar, daß Villon nicht an einem Fürstenhof gelebt habe, wo die Sprache besonders gepflegt werde, aber er lobt dafür seinen Witz und seinen Sentenzenreichtum, »les sentences comme belles fleurs«. Danach wird es still um Villon, denn die Literaturtheorie der Klassik des 17. Jahrhunderts lehnte seine teilweise obszönen und allzu realistischen Gedichte als mit den Postulaten der Wohlanständigkeit (*bienséance*) und der Vernunft (*raison*) unvereinbar ab. Allerdings erkannte Nicolas Boileau (1636–1711) in der bedeutendsten Poetik der Zeit, dem *Art poétique* von 1674, Villon das Verdienst zu, die französische Verskunst um formvollendete Werke bereichert zu haben (I, 117 f.).

Erst im 19. Jahrhundert (Edition Prompsaut, 1832) setzt eine moderne Villon-Philologie ein, die sich um den schlecht überlieferten Text bemüht und ihn von Ausgabe zu Ausgabe verbessert, bis 1892 mit der Edition von Auguste Longnon (später Louis Foulet) ein brauchbarer Basistext vorliegt, der in der textkritischen Reihe der »Classiques français du moyen âge« immer wieder neu aufgelegt (1911, 1914, 1923, 1932, 1967) und auch zum Ausgangspunkt der jüngsten Edition von Jean Rychner und Albert Henry (»Textes littéraires français«) wurde, die hinfort als kanonisch gelten darf und die auch dieser Übersetzung zugrunde gelegt wird. Nicht weniger zukunftsweisend ist das positive Urteil der Literaturkritiker Théophile Gautier (1834) und Désiré Nisard (1844) über Villon, die sich damit als Erben der Genieästhetik des 18. Jahrhunderts, vor allem aber der frühen romantischen Literaturtheorie Victor Hugos erweisen, welche die neoaristotelische klassische Poetik mit ihrem Harmonie- und Einheitsstreben gesprengt und überwunden hatte. Gautier betont Villons Modernität, seine Abrechnung mit dem Mittelalter, denn er sei moralisch unbekümmert, scheue sich nicht vor grotesken Verzerrungen und entwickle eine Ästhetik des Häßlichen; Nisard erblickt in ihm einen bürgerlichen Dichter, der der Stadt Paris und ihrem Volk ein Denkmal setze, und stellt ihn dem höfischen Charles d'Orléans (1394 bis 1465) gegenüber.

In idealistischer Verkennung des wahren Sachverhalts gehen fast alle Kritiker davon aus, daß Villons Dichtungen Erlebnisdichtung seien, d. h. daß das lyrische und das biographische Ich identisch sein müßten. Damit ist ein Mißverständnis angelegt, welches bis heute die Villon-Forschung hemmt. Sie konzentriert sich einerseits zu stark auf die Rekonstruktion der Biographie des Dichters und verfällt andererseits einem hermeneutischen Zirkelschluß, da sie die Biographie aus dem Werk ergänzt und dann das Werk im Licht eben dieser Biographie deutet. Für die Symbolisten und die Bohème wird Villon deshalb schon bald zum »poète truand«, zum dichtenden Verbrecher, zum Ahnherrn des »poète maudit«, des verdammten Dichters schlechthin, des Künstlers am Rand der Gesellschaft, der sich weigert, sich den Normen und Zwängen der bürgerlichen Gesellschaft zu unterwerfen. Aus der unzulässigen Gleichsetzung des Verfassers der beiden Testamente mit dem lyrischen Ich schließt man, daß Villon Dieb, Verbrecher, Zuhälter, Strafgefangener, Vagabund, degradierter Kleriker, gescheiterter Intellektueller, reumütiger Sünder und betrogener Liebhaber, zugleich aber auch ein hochgebildeter Frühhumanist, begnadeter Formkünstler und sensibler Lyriker gewesen sei, der über eine schier unerschöpfliche Skala von Ausdrucksmitteln verfügte, die vom fäkalen und obszönen Jargon der Gosse über das vermeintliche Rotwelsch einer Gaunerbande, der Muschelbrüder oder »Coquillards«, bis hin zum abstrakten Idiom der neuplatonisch-höfischen Liebeslyrik reichte. Dichter wie Rimbaud und Verlaine, aber auch neuere Übersetzer wie Jan Jakob Haringer, Paul Zech oder H. C. Artmann, dann Schauspieler und Rezitatoren wie Klaus Kinski und Ernst Stankovsky, haben sich mit Villon identifiziert und seinen Ruhm gemehrt. Noch jüngst hat Kinski, der Villon auf mehreren Schallplatten verewigt hat, seine Autobiographie nach einem apokryphen Villon-Zitat *Ich bin so wild nach deinem Erdbeermund* betitelt und frei nach Villons Lebensumständen gestaltet: Der Exzentriker und Sinnenmensch Kinski stellt sich selber als Dieb, Zuhälter, Landstreicher, Schnorrer, Verführer, Erotomane und Homosexueller dar, dem keine Perversion und Gemeinheit fremd ist und der zwei bezeichnende Kapitel seines Buchs mit »Villon, das bin ich« bzw. »Als mich das Blut durchkochte dreißig Jahr« überschreibt.

Erst vor wenigen Jahren ist der französische Literaturwissenschaftler Pierre Guiraud auf den überzeugenden Gedanken gekommen, daß sich ein unbekannter Pariser Jurist, ein sog. »basochien«, der das Justizmilieu und die Akten der übelsten Straftäter genau kannte, der Lebensumstände von François Villon bediente, den es wirklich gegeben hat, und sich dahinter versteckte, um eine geharnischte Justiz- und Institutionenschelte anzubringen und auf den unüberbrückbaren sozialen Gegensatz von Arm und Reich hinzuweisen, der einerseits durch wohlhabende Kaufleute, wucherische Geldverleiher und ausbeuterische Grundbesitzer, andererseits durch gesellschaftliche Randgruppen wie Arme, Alte, Kranke, Prostituierte, Gefangene und Verbrecher verkörpert und zugespitzt wird. Es wäre genauso, wie wenn heute jemand in die Rolle eines Terroristen schlüpfte, um unter diesem Deckmantel Gesellschaftskritik zu üben. Ein solches Procedere hat damals wie heute mehrere Vorteile: Es sichert dem Autor Anonymität sowie Schutz vor Nachstellungen und garantiert gleichzeitig die Authentizität der Sozialkritik. Das satirische Subjekt, der Dichter, kann ja nur glaubwürdig über das satirische Objekt (das Ich der Gedichte) sprechen, wenn es vermeintlich nahe davon betroffen ist, über einschlägige biographische Erfahrungen verfügt und die entsprechenden linguistischen Register beherrscht. Wenn diese These vom Juristen mit überdurchschnittlichen Insiderkenntnissen als dem Verfasser der Villon-Dichtungen stimmt, würden sich manche Fragen und auch Ungereimtheiten erklären, insbesondere die zahlreichen überdeutlichen literarischen Reminiszenzen aus dem *Roman de la Rose*, den Werken von Colin Muset (13. Jh.), Rutebeuf (vor 1248 – um 1285), Eustache Deschamps (um 1346 – vor 1407), Alain Chartier (um 1385 – um 1435), Charles d'Orléans u. a., um nur die wichtigsten zu nennen. Sie strukturieren die beiden Testamente mindestens genauso stark wie die vermeintliche Biographie.

Angesichts dieser textlichen Referenzen handelt es sich bei den Werken Villons kaum um spontane Erlebnislyrik oder um den Gewissenskonflikt eines durch die Umstände verdorbenen und in die Halbwelt abgesunkenen Scholaren, der unter seiner Sündhaftigkeit insgesamt leidet und sich nach moralischer Reinheit und geistiger Erlösung sehnt. Die Person Villons ist im übrigen sehr gut gewählt, denn der historische Villon hat als straffälliger Kleriker in Paris und Umgebung zahllose Berührungen mit der Alltagswelt, der Justiz, der Universität, der Verwaltung der Stadt Paris und der Kirche gehabt, auch verfügt er aufgrund seines Universitätsstudiums über genügend Bildung, um dies dichterisch zu verarbeiten. Die wenigen bekannten Dokumente erlauben zudem ein hinreichendes Maß an Vagheit und Verschleierung.

Was wissen wir wirklich über François Villon? Es hat eine Person dieses Namens tatsächlich gegeben, denn sie taucht ungefähr zehnmal in zeitgenössischen Dokumenten auf, die von März 1449 bis Januar 1463 reichen: 1449 wird ein François Montcorbier von der Faculté des arts in Paris als Baccalaureus registriert; 1452 werden eben diesem François *de* Montcorbier die Titel des Lizentiaten und des Magisters artium verliehen. Am 5. Juni 1455 ist er in eine Messerstecherei verwickelt, bei der der Priester Chermoye (auch: Sermoise) ums Leben kommt. Aus zwei Begnadigungsschreiben geht die Identität zwischen François des Loges, Françoys de Montcorbier oder (wohl verschrieben) Monterbier und François Villon hervor. Der Dichter tritt also mindestens unter vier verschiedenen Namen auf, was die Kritiker hätte stutzig machen müssen! Nach 1456 ist nur noch von François Villon die Rede, ein Name, den Montcorbier von Guillaume Villon, einem Kaplan der nahe der Sorbonne gelegenen Kollegiatskirche Saint-Benoît-le-Bétourné übernommen hat, der vielleicht sein Pflege- oder Adoptivvater war. Weihnachten 1456 ist er zusammen mit einem gewissen Guy Tabarie und anderen am Einbruch in das Collège de Navarre beteiligt, dessen Beute 500 Taler beträgt. Guy Tabarie wird von dem Priester Pierre Marchand angezeigt und verhaftet, drei andere Komplizen (Damp oder Dom Nicolas, Colin de Cayeux und Petit Jehan) werden außer Villon namhaft gemacht. Die Vernehmungsprotokolle Tabaries sind erhalten. Wegen dieses Einbruchs ist Villon im November 1462 im Châtelet in Haft und wird am 7. November auf Intervention der Theologischen Fakultät, der Sorbonne, freigelassen. Vermutlich noch im gleichen Monat gerät er mit einigen Gefährten in eine Schlägerei, bei der der päpstliche Notar François Ferrebouc verletzt wird. Villon wird zum Tod durch den Strang verurteilt und nach seiner Appellation zu zehnjähriger Verban-

nung aus Paris begnadigt. Danach verliert sich seine Spur.
Ein buntes Leben, zumal wenn man bedenkt, daß einige
seiner Kumpane zu den Coquillards, einer geheimen, über
ganz Frankreich verbreiteten Verbrecherbande, gehörten,
die als Erkennungszeichen eine Muschel an der Kleidung
trugen.

Alle übrigen biographischen Angaben sind Villons Wer-
ken entnommen: dem *Kleinen Testament* (*Le Lais*, gelegent-
lich auch als »Vermächtnis« bezeichnet; 320 Verse in 40
Huitains oder Achtzeilern in Achtsilbern mit dem Reim-
schema ababbcbc, abgefaßt um 1456; im folgenden abge-
kürzt: L), dem *Großen Testament* (*Le Testament*; 2023
Verse, davon 186 Achtzeiler in Achtsilbern mit dem Reim-
schema ababbcbc, in das 16 Balladen und drei Rondeaux
eingefügt sind, abgefaßt um 1461; abgekürzt: T), den 16 *Ge-
dichten über verschiedene Themen* (*Poésies diverses*), meist
Balladen, ein Vierzeiler, ein Rondeau, eine Epître, z. T.
hohen Persönlichkeiten gewidmet, und den elf *Jargonballa-
den* im Argot der Coquille. Danach wäre er um 1431/32,
noch im Hundertjährigen Krieg und im Todesjahr von
Jeanne d'Arc, als Sohn armer Eltern in Paris geboren wor-
den, früh verwaist (T 272 f., 300 ff.), hätte eine beschränkte,
aber gottesfürchtige Mutter gehabt (T 865–909) und wäre
von dem Kaplan Guillaume Villon (L 65–72; T 865–909)
adoptiert worden. Nach Studentenunruhen 1452/53 hätte er
möglicherweise seine akademische Karriere beendet (T 864;
1507) und wäre mit den Coquillards Colin de Cayeux
(T 1675) und Regnier de Montigny (L 130–139) in Kon-
takt getreten. Aus Liebeskummer zu einer Unbekannten
(L 14–16) wäre er Ende 1456 nach Angers geflohen (L 43),
hätte später, gegen 1457/58, kurze Zeit am Hof des Dichter-
fürsten Charles d'Orléans in Blois gelebt (*Poésies diverses*
VII f.) und um verschiedener Frauen willen (»Rose«, T 910;
»Marthe«, T 950–955; »Catherine de Vaucelles«, T 660),
die manche Kritiker für ein und dieselbe halten, Verfolgung
und sogar Auspeitschung erlitten. In Meung-sur-Loire auf

Interzession des Bischofs Thibault d'Aucigny (Aussigny) inhaftiert und mit der Wasserbirne gefoltert (T 1–32; 49–72), wäre er am 2. Oktober 1461 durch Ludwig XI. amnestiert (T 56 –70; 81–83) und freigelassen worden. Laut Rabelais (*Quart Livre*, Kap. 67) soll er übrigens nach 1463 nach England an den Hof Eduards V. gegangen sein und später noch in Saint-Maxent-l'Ecole Theaterstücke aufgeführt haben, in denen er sich über den Franziskanermönch Estienne Tappecoue lustig machte (ebd., Kap. 13).

Man sieht, daß sich diese Angaben gut mit denen in den offiziellen Dokumenten vertragen und sogar ergänzen. Auch hat die positivistische Forschung nicht umsonst gearbeitet, denn Villon oder der Verfasser, der sich dieses Namens bedient, hat in Paris gelebt und erwähnt Straßen, Häuser, die an ihren Hausmarken erkenntlich sind, Kirchen, öffentliche Plätze und Gebäude, dazu namentlich in den Archiven nachweisbare Kleriker, Handwerker, Kaufleute, Anwälte, Richter, Polizisten, Verbrecher und Prostituierte, die demnach ebenfalls gelebt und Spuren hinterlassen haben, die es zunächst zu identifizieren galt.

Was ist nun der Inhalt der beiden »Testamente«, und was macht ihren literarischen Reiz aus?

Das Kleine Testament

Dem *Lais* liegt, wie dem *Testament*, die Struktur des (fiktiven) Testaments zugrunde. Testamente sind juristische Texte, deren Aufbau einem dreigliedrigen Kommunikationsmodell folgt (Sender – Empfänger – Botschaft). Statt eines »Senders« haben wir einen Erblasser, statt eines »Empfängers« mehrere Erbnehmer oder Erben, statt einer »Nachricht« oder »Botschaft« diverse Legate. Das »Medium der Information« ist, wenn wir zunächst das *Kleine Testament* betrachten, ein schriftlicher, in mehreren Handschriften überlieferter, um 1456 verfaßter mittelfranzösischer Text. Der »Kode« besteht aus 40 Strophen, doch wird die Nachricht oder Botschaft nicht immer störungsfrei übermittelt. Die Störungen berühren die Legate (Scherzlegate, Scheinlegate, unbrauchbare Legate, Legate mit Auflagen oder bedingte Legate, immaterielle Legate, zumal in der Form von Hausmarken und Wirtshausschildern, Legate, die auf den Eigennamen oder den Beruf des Erben anspielen) bzw. die Erben selber, deren Namen und Berufe gedeutet und umgedeutet werden (sog. Interpretatio nominis, die auf Ambiguitas, Mehrdeutigkeit der Namen, beruht). Die »Störungen« entstehen vielfach dadurch, daß wir den biographischen und zeithistorischen Kontext oder auch Villons literarische Quellen nicht mehr rekonstruieren können, trotz aller Mühen, die sich die positivistische Forschung gegeben hat.

Die pragmatische Bedeutung des *Kleinen Testaments* (wie auch des *Großen*) ist ebenfalls umstritten. Sie kann auf eine kritisch-satirische Absicht des Autors zurückgeführt werden (Justiz-, Kleriker-, Frauen-, Institutionen-, Ständesatire und -kritik; das lyrische Ich wäre, wie oben angedeutet, nicht mit dem historischen Individuum Villon identisch und liehe sich nur seine Biographie, um ungestraft Kritik üben zu können) oder, so die ältere Auffassung, auf autobiographische Verarbeitung (der verkrachte Scholar und verbrecherische Coquillard François Villon rächt sich an der Gesellschaft für sein Ausgestoßensein, seine Inhaftierung, seine Verfolgung und sein armseliges Leben). Ein Testament eignet sich auch formal gut für beide Zwecke: Der Testierende ist in einer Extremsituation, steht kurz vor einer ungewissen Reise oder blickt gar dem Tod ins Angesicht, was ihm eine dem Narren vergleichbare Sonderstellung einräumt und ihm unverblümte Gesellschaftskritik ermöglicht. Es thematisiert Tod, Vergänglichkeit und Vanitas, erlaubt gnomisch-moralische Aussagen allgemeinster Art wie auch die Preisgabe höchst persönlicher Erfahrungen. Die Erben können gelobt, getadelt und ermahnt werden, der Erblasser ist nicht mehr erreichbar und damit nicht mehr angreifbar. Da etwas »vermacht« wird, ist ein stark realistisch-mammonistischer Bezug gegeben, so daß die Idealität des erzieherischen Anspruchs und die Konkretheit der Vermächtnisse miteinander konkurrieren.

Dementsprechend hat das *Kleine Testament*, dessen Struktur leichter bloßzulegen ist als die des *Großen*, einen (auto)biographischen Rahmen. Villon stellt sich in den Strophen I–VIII mit der Terminologie der neuplatonisch-höfischen Liebe als unglücklichen Märtyrer Amors vor (V. 47 ff.), dem kein anderes Mittel als Flucht nach Angers bleibt. Dabei sei dahingestellt, ob die Flucht wirklich durch den im Dezember 1456 erfolgten Einbruch ins Collège de Navarre bedingt ist oder nicht. Die Geliebte wird nicht namentlich genannt, doch handelt es sich um eine sich durch Blicke vollziehende unsinnliche Leidenschaft, wie sie nur dem Geistesaristokraten zusteht (V. 26 ff., 33 ff.). Diese Fiktion greift Villon ab Str. IX indirekt wieder auf, wo er mit den Legaten anhebt, denn er, der Habenichts und Kriminelle, vermacht zuerst seine Ehre und seinen guten Namen, dann seine ritterlichen Zelte, seine Waffen, sein Pferd, kurz, die gesamte Ausrüstung sowie den Besitz und die Jagdutensilien eines Edelmannes. Zugleich enthält dieser erste Teil des Rahmens die ansonsten in Testamenten formelhaft vorkommenden Angaben über Zeit (1456, um Weihnachten), Ort (vermutlich Paris im Quartier Latin, vgl. V. 276), Namen des Erblassers, seinen Geistes- und Gesundheitszustand sowie die Gründe, warum er gerade jetzt testiert. Der Rahmen wird in den Strophen XXXV–XL geschlossen, die eine Traumvision im Stil des *Roman de la Rose* erzählen bzw. (Str. XXXIX–XL) mehrere Elemente des Anfangs wieder aufgreifen. Man wird hierin wohl weder den Versuch der Beschreibung einer Geistesstörung und eventuelle Nachtwandelei noch eine verkappte Beschreibung des Einbruchs ins Collège de Navarre und auch keinen

Studentenulk erblicken dürfen, sondern ein Bekenntnis zur Tradition der Melancholie. Nach der klassischen Lehre von den vier Temperamenten (Choleriker, Sanguiniker, Phlegmatiker, Melancholiker), der Theorie von den Körpersäften, zeichnet die schwarze Melancholie den materiell schlecht gestellten satirisch-komischen Dichter von jeher aus. Hinzu kommt, daß Villon (V. 281) in einen Rauschzustand verfällt, der dem »furor poeticus« gleicht und die dichterische Inspiration bewirkt. Die Niederschrift wird als Phantasieprodukt entlarvt (V. 273 ff.), was den Dichter möglicherweise vor Sanktionen schützen soll.

Die folgenden Symptome zeichnen nach (Pseudo-)Aristoteles (*Problemata physica* XXX,1) den Melancholiker aus: Er ist närrisch (»fol«, V. 294), launisch (»lunatique«, V. 294), starken Stimmungsschwankungen unterworfen, Phantastereien nicht abhold (V. 298), physisch dürr und mager und finster dreinblickend, »sec et noir comme escouvillon« (V. 316: »ganz dürr und schwarz, wie ’n Ofenwisch«). Bereits in V. 53 f. war der Dichter wegen seiner gelbbraunen Farbe und Saftlosigkeit mit einem Bückling von Boulogne verglichen worden (»Dont oncques soret de Boulogne / Ne fut plus altéré d’humeur«). Zu dieser Stilisierung paßt es durchaus, wenn Villon von Anfang an die Sprache der unsinnlichen höfischen Liebe durch Metaphern des Reitens, Geldprägens und Stempelns, des Ackerns und Lötens (I; IV; V), die alle sexuell konnotiert sind, antiidealistisch konterkariert und verfremdet, da Sinnlichkeit ebenfalls zur Melancholie hinzugehört. Es sei nur am Rande vermerkt, daß alle angesprochenen Themen, allerdings weniger kohärent, schon bei Colin Muset, Rutebeuf, Eustache Deschamps, Jean de Meung, Alain Chartier usw. vorkommen.

Die eigentlichen Legate beginnen in Str. IX und reichen bis Str. XXXIX. Villon geriert sich als Ritter und vermacht seinen Erben all das, was einen Edelmann auszeichnet: seinen Ruhm (»mon bruyt«, V. 69), Zelte und Wappen

(»mes tentes et mon pavillon«, V. 72; 317), sein in einen Schrein eingefaßtes Herz (»mon cueur enchassé«, V. 77; eine deutliche Anspielung an die diversen Fassungen der »Herz-märe«), sein Schwert (»branc«, V. 83), sein Pferd und sein Maultier, allerdings, wie noch öfters, in Gestalt von Wirts-hausschildern (»le Cheval blanc avec la Mule«, V. 89), seinen Diamantring (»mon dÿamant«, V. 91), seine Hosen (»mes brayes«, V. 102) nebst anderen Kleidungsstücken wie Käpp-chen (»bonnetz cours«, V. 166), Strümpflingen mit Sohlen (»chausses semelees«, V. 166), Handschuhen und Seidenum-hang (»mes gans, ma houcque de soye«, V. 122), die Rüstung mit Halsberg (»mon haubert«, V. 116) und Helm (»Le Hëaulme«, V. 146), die Hundemeute (»trois chiens«, V. 130; »six chiens plus«, V. 139), Geld in unterschiedlicher Münzform (»cent francs«, V. 132; »quatre blancs«, V. 206; »francs et d'escus vieulx«, V. 268; »escus telz que le Prince donne«, V. 272), Schlösser und Burgen (»Nygon«, V. 137; »Vicestre«, V. 140), den Steigbügelriemen (»escourgon«, V. 143), eine Pferdetränke (»l'Abeuvroir Popin«, V. 154), Vieh (»Le Mouton«, V. 170; »Le Beuf couronné«, V. 172; »la Vache«, V. 173), eine Strohschütte aus drei Bündeln (»troys glyons de feurre«, V. 180), Jagdgerechtsame in Form einer Ente (»ung canart«, V. 185), dazu als Jagd- oder Wildererausrüstung einen Mantel (»ung grant tabart«, V. 189), Stiefel ohne Füßlinge (»houseaulx sans avanpiez«, V. 192), ein Jagdessen aus Erbsen und Speck mit Feuer-holz und Kohle (»busche, charbon, des poys au lart«, V. 191), seine Universitätstitel (»ma nominaciõn«, V. 209), Zinsen und Renten (V. 222), einen (potentiellen) Bischofs-stab (»la crosse«, V. 225), einen Spiegel als Utensil der Körperpflege (»Mon miroüer«, V. 231), Fensterrahmen voll Spinnweben (»mes chassis tissus d'arignie«, V. 234), alte Schuhe (»souliers vieulx«, V. 244) und Kleider (»mes habitz«, V. 245), Speisen (V. 251 f.) und einen Mörser mit Stößel (»le Mortier d'or«, V. 257; »une potence de sainct Mor«, V. 259).

Diese Aufzählung bildet eine mehr oder minder schlüssige und kohärente Sequenz, da fast alle Legate zur Ausrüstung, zum Besitzstand und zu den Rechtstiteln des Ritters und Aristokraten gehören. Doch wem vererbt Villon dies alles? Nur bei einigen Erben können wir eine gleich einleuchtende Abfolge namhaft machen: Er beginnt bei seinem Ziehvater Guillaume Villon (V. 70), schließt die namenlose Geliebte an (V. 73 ff.), zwei potentielle Rivalen (?), Ytier Merchant (V. 81) und Jehan le Cornu (V. 84), die Pfarrer (V. 96), diverse wohlhabende Pariser Bürger, bei denen er womöglich Schulden hatte (XII; XVI), vor allem aber Vertreter der Pariser Justiz wie den Anwalt Robert Valee (XIII–XV), den Polizeioffizier Jehan Raguier (XVII), den Hauptmann der Nachtwache Jean de Harley (XIX), Untersuchungsrichter und Notare vom Châtelet wie Jean Mautaint und Pierre Basannier, einen Büttel mit Schlagstock mit Namen Perrenet Merchant (XXIII), zwei Kriminelle, Regnier de Montigny (XVII) und Philippe de Brunel (XVIII), die womöglich Coquillards waren, einen Schlächter und anerkannten Rohling, Jehan Trouvé (XXII), und zuletzt zwei Spitzel und Wasserschutzpolizisten, Loup und Cholet (XXIV). Sie alle haben vermutlich seinen Weg gekreuzt, als er, aus welchen Gründen auch immer, mit der Justiz zu tun bekam. Am Ende des *Kleinen Testaments* werden dann die Armen bedacht, was zur Formelhaftigkeit der Testamente hinzugehört: die Bettler (XXX), die Kranken in den Spitälern, die Bettelorden (XXXII), die armen Studenten (XXVII f.), die Gefängnisinsassen (XXIX), dann auch Geschäftsleute und persönliche Dienstleistende wie Barbier, Schuster und Höker, mit denen er öfter zu tun hatte (XXXI; XXXIII).

Diese Kenntnisse genügen aber immer noch nicht, um die Legate wirklich zu verstehen, denn ein jedes steht auch in Beziehung zum Familiennamen oder Beruf des Bedachten. Dies geschieht mittels Interpretatio nominis, Wortspiel oder lautlicher Assoziation, wie an drei unterschiedlichen Beispielen gezeigt werden soll. (Für die übrigen Fälle sei auf den Sachkommentar verwiesen.) In Str. XI wird als erster ein »maistre Ytier Merchant« bedacht, der auch im *Großen Testament* wieder vorkommt (T 970 und, anagrammatisch verschlüsselt, 198 f.). Villon vermacht ihm sein »schneidend scharfes Schwert aus Stahl«, das im übrigen für eine Zeche von sieben Sous versetzt ist und erst noch ausgelöst werden muß. Weiterhin soll er es mit Jehan le Cornu teilen. Das Schwert symbolisiert zunächst die adligen Neigungen Merchants (»marchand«, ›Kaufmann‹), der der »noblesse de robe« – dem Amtsadel im Unterschied zur »noblesse d'épée«, dem Schwertadel – angehört, aber eben »Kaufmann« heißt, was auf den einstigen Beruf der Familie vor der Nobilitierung verweist. Das »Schwert« ist aber auch deutlich sexuell konnotiert und meint dann das Membrum virile. Diese Konnotation wird erst durch den Namen des zweiten Erben, Jehan Cornu, evident, den Villon absichtlich »le Cornu« (den ›Gehörnten‹) nennt. Die beiden Erben und offenkundigen Rivalen benötigen das »Schwert«, die Manneskraft des Dichters – so insinuiert er –, um die Geliebte zu befriedigen. Ob Villon drittens die Sodomisierung als Strafe androht, vermag man nicht zu entscheiden, doch läge dies durchaus noch im Bereich der Satire. Es erweist sich bereits hier, daß die Legate in ihrer Polyvalenz kaum adäquat ins Deutsche übersetzt werden können, was nicht zuletzt mit den sprechenden Eigennamen zusammenhängt (soweit sie nach körperlichen und geistigen Eigenschaften, Berufen, Spitznamen, Herkunft usw. gebildet sind), die im französischen Original stehenbleiben müssen.

In Str. XIII wird ein »maistre Robert Valee« bedacht, ebenfalls ein Alters- und Studiengenosse Villons, der 1449 den Grad eines Lizentiaten der Rechte erworben hatte. Wie andere Mitglieder seiner Familie war er Anwalt, und man darf vermuten, daß Villon von ihm einen Dienst oder eine Gefälligkeit erbeten hatte, die er entweder gar nicht oder doch nur schlecht leistete:

Dem Anwalt, Herrn Robert Valee,
dem armen Schreiber beim Gericht
– was Berg, was Tal ist, weiß er nicht –,
bestimme ich als Hauptlegat,
daß man's ihm unverzüglich gibt,
die Hose, die »Zum Beinschutz« ist,
damit er draus Jehanne de Millieres
recht ehrbar eine Haube macht.

Die Kohärenz dieser Strophe ist bisher weder von den Kommentatoren noch von den Übersetzern erfaßt worden: Villon bildet mit dem Namen »Valee« (›Tal‹) eine Interpretatio nominis. Valee wird antiphrastisch zum »povre clergon en Parlement«, dem (geistig) armen Parlamentsschreiberlein, das den Unterschied zwischen Berg (»mont«) und Tal (»valee«), gemeint ist zwischen Oben und Unten, nicht kennt. Er ist entweder zu beschränkt oder übergescheit. Villon vermacht ihm seine »brayes«, seine »kurzen Hosen«, ein damals übliches Kleidungsstück. Sie sind wiederum nicht frei disponibel, sondern befinden sich »aux Trumillieres«, im Gasthaus »Zu den Beinschienen«, ebenfalls einem wichtigen Teil der Ritterrüstung. Ein erster Gag besteht darin, daß man die Zeile auch übersetzen kann: »die vor den Beinschienen hängen«, denn die Hosen wurden (wozu wohl?) heruntergelassen. Damit ist aber der Bereich des Unten (»valee«) angesprochen. Was soll der Erbe nun damit anfangen? Er soll für eine gewisse Jehanne de Millieres, von der die positivistische Forschung herausgefunden hat, daß am Parlement de Paris ein Prozeß gegen sie anhängig war, sie also nicht als besonders ehrbar galt, »auf ehrbare Weise eine Haube daraus machen«. Da die »Haube« die Kopfbedeckung der Matronen, der verheirateten Frauen, war – damit ist jetzt der Bereich des Oben anvisiert –, erklärt sich das »honnestement« (»auf ehrbare Weise«) als Anspielung auf den Lebenswandel von Valees Freundin, die vielleicht seine juristischen Dienste in Naturalien bezahlte. Oben und

Unten könnten dann auch auf die soziale Zugehörigkeit des Anwalts und der Dirne (?) anspielen.

Ein weiteres Mitglied der Familie Merchant, diesmal Perrenet Merchant, genannt »le Bastard de la Barre«, wird in Str. XXIII bedacht, ohne daß man seine Verwandtschaft mit Ytier bisher geprüft hätte. Auch er kommt im *Großen Testament* wieder vor, und zwar in V. 764 f., wo das vorliegende Legat vervollständigt wird, in V. 937 f. als Überbringer einer Ballade und in V. 1094 f. als Falschspieler:

> Item, dem Perrenet Merchant,
> auch Bastard de la Barre genannt,
> weil er ein guter »Händler« ist,
> laß ich drei Bündel Stroh als Erbe,
> um's auf dem Boden auszubreiten
> und Liebeshändel drauf zu leisten,
> womit sein Leben er verdient,
> denn andren »Handel« kennt er nicht.

Auch hier haben Kommentatoren und Übersetzer bisher den Sinnzusammenhang nicht erfaßt. Perrenet Merchant war »sergent à verge«, d. h. »Polizeibüttel mit Schlagstock«, am Châtelet. Villon nennt ihn sonst nur den »Bastard de la Barre« oder »Perrenet de la Barre«. Es muß dabei offenbleiben, ob er der illegitime Sohn eines Adligen la Barre war oder, was eher zu vermuten steht, daß »Bastard« ein Schimpfname ist, weil er vielleicht wirklich ein uneheliches Kind war oder dies doch unterstellt werden sollte. Das Wort »barre« ist vielschichtig und bedeutet soviel wie ›verge‹, ›bâton‹, also ›Stock‹ – man könnte ihn den »Bastard mit dem Schlagstock« nennen –, dann auch ›Gerichtsschranke‹, wohin er die Verbrecher führte, aber es bezeichnet natürlich auch den Bastardbalken, der das Wappen der unehelichen Abkömmlinge durchkreuzte, und zu guter Letzt die Rute, das »membrum virile«. Die vorliegende Strophe spielt abermals mit der Bedeutung des Familiennamens »Merchant« (›Kaufmann‹) bzw. hier »Kuppler« (»marchand d'amour«).

Die Strohbündel (»glyons de feurre«) bekommt Perrenet, weil Villon in der Fiktion immer noch seine aristokratische Habe verteilt, nach dem Vieh in Str. XXII jetzt die Streu, die gleichzeitig als improvisiertes Liebeslager für den professionellen Kuppler dient; indirekt ist damit auch die Reitmetaphorik, das Bespringen des Remontenhengstes (vgl. T 760 ff.), angesprochen.

Wir brechen an dieser Stelle die Beispielserie ab. Es soll in einem Ausblick noch gezeigt werden, daß auch das *Große Testament* ähnlichen Mechanismen gehorcht und ohne das *Kleine* nicht verstanden werden kann.

Das Große Testament

Das *Große Testament* ist wesentlich länger und unübersichtlicher als das *Kleine*, wofür es verschiedene Gründe gibt: Es könnte sein, daß sich seine Abfassung über mehrere Jahre erstreckt hat und die Zeitangabe 1461 (V. 81) nur dazu dient, die Lebensmitte zu markieren, in der sich der Dreißigjährige, vom »démon de midi« gepackt – wir würden heute von der »midlife-crisis« sprechen – über seine »condition humaine« Rechenschaft ablegt. Auch ist es möglich, daß Villon ältere Achtzeiler, die für das *Kleine Testament* bestimmt waren und verworfen wurden, oder sonstige Gelegenheitsballaden nachträglich in den größeren Zusammenhang des *Großen* einpaßte.

Bei genauem Hinsehen ähnelt das *Große Testament* dem *Kleinen* in Aufbau und Struktur – es handelt sich beide Male um Testamente mit aller dazugehörigen Formelhaftigkeit –, doch gibt es auffällige Unterschiede: Villon geht diesmal von der Fiktion des Sterbenden aus, dem auch noch die bitterste Sozialkritik erlaubt ist: »Der Sterbende darf alles sagen« (»Qui meurt a ses loix de tout dire«, V. 728) wird zur Schlüsselzeile. Weiterhin vertieft er das Armutsmotiv (XXXV f.). Immer wieder bezeichnet er sich als arm

(XXXIV), als armen Alten (»povre viellart«, V. 424), armen Liebhaber (V. 657), armen Scholaren (»ung povre petit escolier«, V. 1886), als armen Villon (»povre Villon«, V. 1997), der sich mit den anderen Armen, den Bettlern, Dirnen, Zuhältern, Findelkindern, Kranken, Blinden und alten Weibern, solidarisiert (XXIX–XXXI; CXLIV–CLX) und gegen die Reichen, die Pfandleiher, Wucherer, Geldeinnehmer, Pfennigfuchser und Pfeffersäcke, polemisiert (CI–CIV; CXIV–CXX; CXXVI f.; CLXVI–CLXIX). Mit der Armut verbindet sich das Alter, der Rückblick auf die verlorene Jugendzeit (XXII; XLIV; LXXI; LXXXII), das Erkennen der Sündhaftigkeit (V. 103, 105, 261, 294), der Gedanke an den nahenden Tod (XIV; XVI). Die häufigen Selbstanklagen legitimieren zugleich die Anklage der anderen, getreu dem biblischen Gleichnis vom reichen Mann und vom armen Lazarus, der nach dem Tod in Abrahams Schoß ruhen darf und dessen Mahnerrolle Villon übernimmt (vgl. Lk. 16,19–31 in Str. LXXXII).

Auch das *Große Testament* hat einen Rahmen, dessen erste Hälfte von Strophe I bis LXXIX reicht, also gut ein Drittel des Gesamtwerks ausmacht und dessen zweite Hälfte die Strophen von CLXXVI bis zum Ende, d. h. noch einmal 150 Verse, umspannt. In diesem Rahmen sind neben den in Testamenten üblichen Angaben alle Selbstaussagen und persönlichen Erfahrungen von Armut, Alter, Tod und Vergänglichkeit enthalten, die verallgemeinert werden können und vielfach Balladen bzw. Legate bilden, z. B. nach Baruch 3,16 (»Wo sind die Gebieter der Völker?«) die Motive des »Ubi sunt?« (V. 225, 329 ff., 493), nach Horaz (*Oden* I,11,8) die des »Carpe diem« (V. 537) und der Vanitas (XXVIII; XLVIII), das Motiv von Tod und Totentanz (XL ff., CLXXI), »verkehrte Welt« (LXVII–LXIX) usw. Aus dem *Kleinen Testament* greift Villon die Tradition des Melancholikers auf (V. 179), der schwarz wie eine Brom- oder Maulbeere, närrisch, traurig, sinnlich und schwach ist (vgl. auch den »vin morillon« in V. 2022, von dem er kurz vor seinem Ende kostet und welcher die dunkle Farbe mit dem Tod – »mort« – assoziiert), und ordnet sich damit abermals in die Tradition der satirisch-komischen Dichtung ein. Auch das Motiv des unglücklichen Liebhabers tritt wieder in Erscheinung (XXV; LXV–LXXI), um den zweiten Teil des Rahmens zu dominieren, bis in V. 2001, einer fast wörtlichen Reprise von L 47, Villons Ende als Märtyrertod im Dienst Amors hingestellt wird. Die treulose(n) Geliebte(n) erwähnt er diesmal namentlich: Rose, Marthe und Catherine de Vaucelles (LXV–LXX; XC–CIII). Dies dient der Satire, der Frauenschmähung, aber auch der Sozialkritik und dem Plädoyer für Huren, Alte und Betschwestern.

Neu ist am *Großen Testament* aber auch die scharfe Polemik gegen den Bischof von Orléans, Thibault d'Aucigny, der Villon offenbar in Meung-sur-Loire einkerkern ließ, wie gegen die kirchliche Gerichtsbarkeit ganz allgemein (I–VI; LXXIII f.; CXXIII–CXXV). Villon wendet sich an den König, wünscht ihm alles Gute und eine große Nachkommenschaft (VII–XI), die einem Bischof ohnehin verwehrt ist, und stellt das Testament, indem er für die staatliche und gegen die kirchliche Gewalt votiert, unter seine Schirmherrschaft. Dies ist besonders augenfällig, weil er sich offen als Sünder zu erkennen gibt, mithin den Trost der Kirche nötig hätte, aber den Bischof verspottet und ihm eine Behandlung nach dem alttestamentlichen »Auge um Auge, Zahn um Zahn« an den Hals wünscht (III f.). Vielleicht verbirgt sich dahinter eine Stellungnahme des Autors in der sich zuspitzenden Auseinandersetzung zwischen Kirche und Staat, geistlicher und weltlicher Rechtsprechung, oder der Versuch, auf den König in dem Sinne einzuwirken, daß die Pragmatische Sanktion von Bourges (1438) erhalten bleibe. Aus Haß gegen seinen Vater setzte Ludwig XI. sie am 27. November 1461 kurzfristig wieder außer Kraft, um dann definitiv den Einfluß der Staatsgewalt über die französische Nationalkirche zu sichern. Die Parabel von Kaiser

Alexander und dem Seeräuber Diomedes (XVII–XXI) steht
für den hochherzigen Monarchen Ludwig XI. und den
Coquillard und Einbrecher Villon, der nur hoffen und wün-
schen kann, einen ebenso gnädigen Alexander zu finden
(V. 161 ff.).

Das *Große Testament* ist aber nicht nur lehrhaft-morali-
sierend, wenngleich stellenweise ernster als das *Kleine*, denn
Villon ironisiert immer wieder das Sterben und retardiert es:
Auf ganz naturalistische Ansätze (XLI; LXXI; LXXIX), die
den Verfall des Körpers und die Leibesschwäche beschrei-
ben, folgen Phasen der Erholung, in denen der Testierende
erneut Zukunftspläne schmiedet (XXV; V. 665 ff.). Die Bal-
laden, Rondeaux und Lais mit ihrer Liedhaftigkeit verleihen
dem *Großen Testament* zusätzlich eine mitreißende Frische;
die Legate gegen die Juristen des Châtelet, die nach wie vor
den Löwenanteil ausmachen, haben nichts von ihrer Bösar-
tigkeit eingebüßt. Mehrere Erben sind uns bereits aus dem
Kleinen Testament bekannt, werden also zweimal bedacht,
andere werden neu eingeführt, wieder andere ausgespart;
warum Villon diese Unterschiede macht, wissen wir nicht.

Die Legate stehen abermals in Bezug zum Namen oder
Beruf des Bedachten, doch wird dem Leser weniger sprach-
liche Phantasie abverlangt als im *Kleinen Testament*. Meist
sind die Legate nutzlos, weil der Erbe sie schon besitzt oder
nichts damit anfangen kann; neu ist, daß häufig offen
auf Laster und Schwächen angespielt wird wie Trunksucht
(IIC; CI; CXXIV; CXXXVII), Völlerei (CV), Impotenz
oder übersteigerte Sexualgier (XCVII; CXL; CXXVIII;
CLXXIX), Unehrlichkeit (CVIII; CXIV), Adelsmanie
(CII), Streitsucht (CIX) und ähnliches mehr. Wurden die
Legate im *Kleinen Testament* vielfach entmaterialisiert, da
sie nur als Bilder (Wirtshausschilder oder Hausmarken)
existierten, sind im *Großen* mehrfach Balladen und Gedichte
das Legat, was die Einfügung derartiger Texte geschickt
sanktioniert (ab der »Ballade pour prier Nostre Dame«,
V. 873–909, bis zur »Bergeronnecte«, V. 1784–95).

Es kann keinem Zweifel unterliegen, daß der Verfasser bewußt die Tradition der höfischen neuplatonischen Lyrik parodiert, d. h. sie mit den gleichen Ideen und Stilmitteln in ihr Gegenteil verkehrt. Diese Tendenz wird vor dem Hintergrund der zeitgenössischen Wirklichkeit verständlich. Villon ist ein Dichter der Stadt, der Stadt Paris, die zwar im Hundertjährigen Krieg (1339–1453) gelitten hat, aber sich doch schnell wieder erholt. In diesem Krieg ist die französische Aristokratie schwer gebeutelt worden und verlor Glanz und Ansehen. Dies begann in der Schlacht bei Crécy (1346), in der die englischen Formationen einfacher Bogenschützen und geschickt eingesetzte hölzerne Kanonen leicht mit den französischen Ritterheeren fertig wurden, die noch an die Turnierregeln glaubten und die Handschuhe ihrer Herzensdamen am Helm trugen. Sie lernten nur wenig aus dieser vernichtenden Schlappe, denn 1356 bei Maupertuis ging es ihnen ähnlich, abermals 1415 bei Azincourt. Auch waren in Paris Volksaufstände an der Tagesordnung, bei denen sich Studenten und Handwerker verbündeten und der Monarchie zeigten, daß sie in ihren Augen vielleicht zwar keine »Ehre« besaßen, aber daß vor allem sie das Heer der Steuerzahler stellten und das Land nach all den Verwüstungen allein wieder aufbauen konnten. Ohne das einfache Bauernmädchen Johanna (V. 349 f.) wäre Frankreich verloren gewesen. Als eines der Hauptergebnisse des Hundertjährigen Krieges bleibt festzuhalten, daß er dem höfisch-aristokratischen Geist des Mittelalters das Totenglöcklein läutete. Damit ging auch dessen Literatur, die Ritterromane und die Liebeslyrik, langsam unter. Zwar hatte es schon immer als Gegenbild gegen die neuplatonische Dichtung eine erdverbundene, sozialkritische, satirisch-komische Gegenbewegung gegeben (z. B. die lateinische Vagantenlyrik eines Hugo von Orléans, Walter von Châtillon oder Archipoeta), doch blühte sie vor allem dann, wenn sich in wirtschaftlich erstarkenden Städten eine intellektuelle Elite herausbildete, so im Umbrien und der Toskana des 13. und 14. Jahrhunderts (Cecco Angiolieri, Rustico di Filippo, Bindo Bonichi, Niccolò del Rosso usw.). Da verwundert es nicht, daß sich mit dem Namen Villon auch in Frankreich eine ähnliche Tendenz breitmacht. Nur vordergründig ist nämlich Villon ein Märtyrer der höfischen Liebe; in Wirklichkeit verkehrt er sie in allem in ihr Gegenteil: Die Frauen sind lüstern, wie es ihrer Natur entspricht (V. 611). Sie wollen es mit allen Männern treiben (LX–LXII) und tun es vorzugsweise für Geld (LIX). Die Liebe macht daher dumm und ist gefährlich (V. 625–656), doch zur Strafe vergeht die weibliche Schönheit nur allzu bald (XLVI–LVI; V. 533–560; 942–969), so daß den alternden Frauen nur noch Bedauern und Resignation bleibt. Zwischen dem unglücklichen Liebhaber und den Frauen wird auf diese Weise eine Art Gleichgewicht hergestellt.

Was versteht man, kurz gesagt, unter neuplatonischer Liebe? Sie beruht auf einer Dreieckskonstellation, an der Amor, die Herrin und der Liebende beteiligt sind, und zwar in dieser hierarchischen Abfolge. Diese Liebe ist unsinnlich, nicht auf Vollzug gerichtet. Die Geliebte ist ein Abbild des Guten und Schönen, des »Kalokagathon«. Wenn der Liebende sie erblickt, dringt ihr Bild durch seine Augen ins Herz, den Sitz der Seele. Er will sich ihr, von Liebe ergriffen, nähern und auf das Niveau ihrer Schönheit und Güte heraufsteigen. Denn Liebe ist Veredelung, bedeutet moralische Besserung. Die Herrin ist jung, schön und unnahbar. Durch den Verzicht wird der Liebende zwar in unglaubliche Qual gestürzt, doch bewirkt gerade die Sublimierung des Liebesschmerzes seine Läuterung. Es versteht sich von selber, daß Liebender und Geliebte Geistesaristokraten sind.

Villon tut zwar so, als sei er in diesem Sinn ein Liebesmärtyrer (LXV), aber wir sahen schon, wie die Sprache das Gegenteil von Idealität zum Ausdruck bringt. Die weiteren Stilisierungen, die wir bereits angedeutet haben, beweisen ebenfalls seinen Antiidealismus: Er ist ein »paillard«, ein Lüstling (V. 1622), ein »pêcheur«, ein Sünder (V. 103, 105), ein Coquillard und Verbrecher, ein armer Habenichts, ein Melancholiker und Vagabund. Dementsprechend ist auch die Frau nicht mehr eine hohe Herrin, die Liebe kein unsinnlicher Veredelungsprozeß. Neu ist jedoch im Vergleich mit der mittelalterlichen Frauenschmähung, dem »vituperium feminae«, daß sich Villon mit den Frauen auf eine Stufe stellt (V. 1625) und seiner Kritik dadurch eine neue Dimension beimißt. Was hier für die Frauensatire ausgeführt wurde, gilt mutatis mutandis auch für alle anderen Gruppensatiren. Villon setzt sich selber herab, begibt sich auf das Niveau seiner »Opfer«, um dadurch nur um so sachkundiger und überzeugender zu kritisieren.

Ein Schema, das die Erben im wesentlichen nach ihrer sozialen Gruppenzugehörigkeit ordnet, soll ein rasches Zurechtfinden im *Großen Testament* ermöglichen (S. 31–35).

Übersetzungen

Die Dichtungen, die unter dem Namen von François Villon zirkulieren, sind in Deutschland durch zahlreiche Übersetzungen und Nachdichtungen bekannt, seit Karl Klammer (d. i. K. L. Ammer) 1907 den Deutschen als erster »ihren Villon« schenkte (eine Version, auf die Bert Brecht in der *Dreigroschenoper* zurückgriff) oder Paul Zech 1931 *Die Balladen und lasterhaften Lieder des Herrn François Villon in deutscher Nachdichtung* vorlegte. Sieht man von einzelnen Übertragungen in Gedichtanthologien ab, in die meist nur Balladen aus dem *Großen Testament* aufgenommen werden, die unabhängig und losgelöst vom Kontext stehen, wurde das *Kleine* insgesamt sechsmal (K. L. Ammer, 1907; Paul Zech, 1931; Martin Löpelmann, 1937; Walther Küchler, 1956; Carl Fischer, 1963; Martin Remané, 1964), das *Große* außer von den Genannten noch fünfmal separat übersetzt (Joseph Chapiro, 1931; Wolfgang Benndorf, 1937;

Walter Widmer, 1949; Nora Urban, 1967; Ernst Stankovski, 1981). Mit Ausnahme der Prosafassung Chapiros sind alle Übertragungen gereimt, doch gelingt es keinem Übersetzer, die Legate, deren Sinn sich nur bei genauer Kenntnis des mittelfranzösischen Originals und der Zeit- und Ortsgeschichte von Paris erschließt, im Deutschen nachzuahmen.

Angesichts dieser Zahl von Übersetzungen stellt sich zwangsläufig die Frage nach der Notwendigkeit einer weiteren Übertragung. Hierauf gibt es mehrere Antworten: Die ästhetisch interessanten Fassungen sind eher Nachdichtungen oder weisen Überlängen auf (Widmer); auch enthalten sie gelegentlich (Ammer; Zech) apokryphe Texte aus zeitgenössischen Sammlungen, die mit Villon nichts zu tun haben. Die philologisch genaueren Übertragungen sind z. T. schwerfällig (Löpelmann; Küchler), zudem vielfach im Buchhandel vergriffen (Benndorf; Löpelmann; Fischer), andere (Stankovski) sind weder künstlerisch noch historisch-philologisch interessant. Auch bieten einige einen veralteten Basistext, der nicht den Erkenntnissen der neuesten Villon-Philologie Rechnung trägt.

Die vorliegende Übersetzung umfaßt beide Testamente, da das *Kleine* nicht ohne das *Große* verständlich ist und umgekehrt. Sie verzichtet auf den Reim und bietet statt dessen eine rhythmisierte Fassung, die die Achtsilber durch vierhebige Jamben wiedergibt, ohne sich um männlichen oder weiblichen Versausgang zu kümmern. Als Textausgabe wird die von Jean Rychner und Albert Henry (»Textes littéraires français«) zugrunde gelegt, deren Lesarten die Erkenntnisse der Vorgänger mustergültig zusammenfassen und in vielen Einzelheiten noch verbessern. Von dieser Ausgabe wurde nur ganz selten (L 155; 228; T 662; 1715; 1901) abgewichen. Auch der Kommentar von Rychner und Henry erwies sich in allen Fragen und Zweifelsfällen als außerordentlich gründlich und hilfreich, desgleichen der von André Lanly, dem eine adäquate neufranzösische Übertragung vorausgeht, die anhand von Rychner und Henry revidiert wurde.

Historisches im *Taschenbuch*

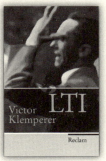

416 Seiten | RT 20149

129 Seiten | RT 20191

Reclam

Klassiker im *Taschenbuch*

»Wir haben Gold, Silber und Papiergeld, und jedes hat seinen Kurs, aber um jedes zu würdigen, muss man den Kurs kennen. Mit der Literatur ist es nicht anders.«
GOETHE

Jules Verne:
In 80 Tagen um die Welt
200 Seiten
RT 20146

290 Seiten | RT 20144

390 Seiten | RT 21726

180 Seiten | RT 21725

Reclam

Klassiker im *Taschenbuch*

»Für einen Autor ist es eine
tröstliche Aussicht, daß alle
Tage neue künftige Leser
geboren werden.«
GOETHE

Mark Twain:
Die Abenteuer des Huckleberry Finn
460 Seiten
RT 20148

400 Seiten | RT 20150

680 Seiten | RT 20155

170 Seiten | RT 20141

Reclam

Klassiker im *Taschenbuch*

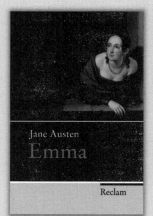

»Sie war keine Frau, die viele
Worte machte, denn im Gegen-
satz zu den meisten anderen
Leuten passte sie ihre Worte
der Zahl ihrer Einfälle an.«
VERSTAND UND GEFÜHL

Jane Austen:
Emma
600 Seiten
RT 20008

466 Seiten | RT 21730

348 Seiten | RT 20054

321 Seiten | RT 20061

Reclam

Im Licht der Provence

Stefan Brändle:
Im Licht der Provence
Maler und Dichter im Midi
234 Seiten | 61 Abbildungen
RT 20202

»Reiseführer mit literarischem Anspruch gibt es inzwischen wie Sand am Meer. (…) Nur selten sind die Autoren jedoch beides: wirklich sachkundig in der Materie und obendrein Stilisten von Karat. Bei Stefan Brändle ist beides gegeben. Seine Art, die Landschaft, aber auch die Städte des lichtdurchfluteten Südens Frankreichs zu vergegenwärtigen, kann sich in ihrer suggestiven Kraft durchaus mit dem messen, was die von ihm porträtierten Autoren zu Papier gebracht haben. (…) Eine veritable Kulturgeschichte der Region.«
DIE WELT

Reclam

Die Welt der Antike

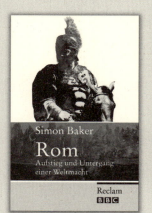

350 S. | RT 20156

360 S. | RT 20186

460 S. | RT 20150

Reclam

im Reclam *Taschenbuch*